大樂文化

股人阿勳教你

價值河流圖

圖解基本面，簡單找出買賣區間，
抓出低估潛力股，穩穩賺自己的 20%！

股人**阿勳**◎著

CONTENTS
目錄

Chapter 1

曾慘賠300萬，如今用價值投資每年賺20%！ *017*

Chapter 2

什麼是價值投資？和存股有何不同？ *045*

CONTENTS
目錄

推薦序一

別盲信快速致富，
強化投資功力才能穩定獲利

財會投資部落客　夏綠蒂

　　我是會計系畢業，且曾任職全球會計師事務所龍頭的勤業眾信（Deloitte），整天都與數字為伍。你以為在會計師事務所工作的人，對投資都很懂嗎？完全不是，當時的我看到同事都在做當沖、短線，而且全憑感覺或看新聞買賣股票，當然我也跟著淪陷。但始終覺得怪怪的，每一筆下單都好不安心，這樣真的是投資嗎？

　　之後自己摸索，學到價值投資的概念，看了很多書籍，但又覺得怪怪的，好像價值投資就是存股，存股就是買了不理股票？雖然當時才剛接觸投資不久，似懂非懂，但我在會計師事務所磨練出的「分析腦」，總覺得好多地方不合理啊。

　　後來我透過大量閱讀書籍、股東會年報、財報等，慢慢梳理一套屬於自己的方法，當然花了不少的時間，才有一套自己的邏輯。常常有人跟我說，他做投資是看基本面、EPS，但若我進一步詢問：「這一次EPS 大增的原因是什麼？」許多人都答不上來，讓我不禁在心中吶喊：「這不是基本面分析啊。」

　　直到遇到阿勳，看到他的投資方法，彷彿讓我找到知己。他會深入了解各個財務數據變化的原因，例如：資本支出增加，對公司的產能以及日後折舊的影響等，彼此切磋討論想法，暢遊在問答間。

　　阿勳以財務兼具理工的背景切入投資，書中有理有據的說明每一個投資步驟，更有他的觀察心得與獨立思考，能夠縮短許多人的摸索時

間，而且是一套非常系統化的方法。**如果你是股市新手，遇到這本書，那恭喜你，在股市不會走太多的冤枉路；如果你踏入股市一段時間但遲遲未獲利，遇到這本書，恭喜你有機會反敗為勝。**

　　書中的買賣三準則及資金控管的原則，就好比投資檢查表。曾有一位基金經理人，在金融海嘯時平均報酬率高達 160%，而且沒有一檔買錯，祕訣就在於獨門投資檢查表。當我們看到一檔股價表現令人眼睛一亮的公司，這時大腦便會進入「貪婪模式」。**神經科學家發現，急於賺錢的念頭會刺激大腦，就像毒品一樣讓你興奮，免不了只看到好的一面。在這種誘惑下進行投資會讓風險不斷放大。**因此我們的每一筆投資，最好盡可能地符合本書中的準則來做決策，勝率肯定能提高不少。

　　這本書對新手而言不會太容易讀，但非常實用，因為作者的方式嚴謹，講求經得起數據的驗證，能夠複製。世界上不大可能有很簡單、輕鬆就能獲利的管道。以前我也聽過明牌買股票，還真的讓我賺到錢，但是很快就回吐了，為什麼？因為我不懂那些投資標的，靠運氣而賺到的錢，最後也會因實力而賠掉。

　　這本書能讓你強化投資功力，書中強調挑選「價格便宜且具上漲潛力的績優公司」，什麼是好公司？便宜價該怎麼算？上漲潛力具備哪些因子？本書逐一地告訴你。**人生中唯一的聖盃就是好好投資自己，這本書是踏入股市很好的開端。**

　　如果你講求快速致富或是輕鬆獲利，那這本書可能會讓你失望，因為想學這套方法，你還是得做功課，例如：研究公司相關的財務數據、產業分析等。書中提供研究一間企業所需要的基本架構，也就是先了解公司的 10 件事，例如：獲利能力、護城河、產品應用等，透過一步步地洞察投資標的，你投資肯定知其所以然，不再盲目。

　　最後我更鼓勵大家，學習阿勳的超強自律，每天看年報、每天運動，讓自己的身體、腦袋和心不鬆懈不偷懶，長期下來知識和健康便會產生複利效果，讓我們一起為人生滾出雪球吧！

如何用一樣的資料，
做出不一樣的投資成果？

財經作家　Mr.Market 市場先生

　　許多投資人研究投資時，往往一遇到困難就很快放棄。症狀重一點的是放棄思考，只想要四個號碼的「明牌」，輕一點的則是想要一個快速致富公式。致富公式存在嗎？其實即使有，也一定不只是「一條簡單的公式」。

我們過去所學的投資觀念，常過於簡化

　　你是否曾經想過，每間公司商業模式都不同，為什麼財報的格式卻都長得一樣？原因是人們需要簡化、標準化的評估方式，才能方便進行查核以及了解企業的營運輪廓，這樣非直接經營企業的一般大眾，才有可能評估及投資。

　　可以想見，這些簡化、標準化的報表，一定沒有辦法充分呈現個別公司之間的差異性。作為投資人，如果只使用簡化過的資訊，其實很難做出精準的判斷，得到的往往都是很粗略甚至方向有誤的結論。

　　這就像是給你一把刻度只有公分的直尺，卻要你畫出毫米精確度的波浪線條一樣困難。簡化並非壞事，但不能過度簡化，或者輕易接受簡化後的結果。也因為這些簡化、標準化的資訊，每個財務指標、估價方法其實都存在著各種例外與限制。

　　一般書籍在談論這些指標方法時，很少會提到有哪些例外和限制，**但本書針對價值投資領域常見的指標，在財務的評估和估價法上，將使**

用限制說明得十分完整，讓你了解各種例外狀況。

例如，即使是本益比，也存在很多細節。用在成長股、景氣循環股、盈餘不穩定的標的、一次性的盈餘、價值陷阱等，都屬於例外狀況，必須做出調整。

此外，書中並非只有單單提到作者自己的用法，也會帶領你了解坊間流傳或教科書上一般指標的運用方法，並分析它們的優缺點。實際上，大多數坊間廣為流傳的方法並不如想像中管用，或者忽略了許多限制和例外，本書中也會告訴你原因，這是你在其他書籍絕對找不到的內容。假如今天想靠自己搞懂這些，你得先對財務數據非常熟悉、並且在許多個案上做驗證，花大量時間累積經驗才能做到。

額外的獲利，來自額外的資訊與優勢

價值投資是一種主動投資的方法，主動投資就是在追求超越指數的報酬。不過，當許多共同基金經理人操作績效都落後大盤指數時，我們一般投資人，憑什麼獲得比別人更好的投資成果？

例如，個股本益比在各大網站都有公布，如果你會看、別人也會看，那麼這方法勢必不會有太多的優勢。

在本書中，作者也不藏私地公布許多取得優勢的方法。例如：

用月營收去回推最新盈餘，進一步作估價，將可以取得領先於季報公布的資料。

運用機構預估值，將成長率列入評估。

運用中位數評估合理本益比，避免陷入極端狀況。

運用河流圖，讓你不只是評估目前的價格是被高估還是低估，還能從過去的河流狀態變化快速理解企業歷年盈餘狀況。

書中提到這些方法，你在其他書上幾乎不會看到。**透過這些方法，**

你可以不再停留在簡化後的指標，而是能得到更精準、更領先的資訊。

從簡化到差異化

　　估價並非價值投資的全部，最終我們依然必須要了解自己在投資些什麼，因此**深入了解企業，是價值投資必然要經歷的步驟。除了與分析結果互做印證，也能增加自己的信心。只有走到這一步，我們的投資才能真正跟他人產生差異化。**

　　最後，我認為最值得學習的，是作者嚴謹的邏輯以及各種量化數據驗證，建議用心感受書中作者解釋各種投資原理時的思考方式，也許你能從中得到比學會投資方法更大的收穫。

前　言

投資不求一夕致富，
穩紮穩打更能賺好賺滿！

不用贏在起跑點，但要在終點微笑

「贏在起跑點」多用在父母對孩子的期待，希望孩子不落人後，但這概念其實有點投機、短視，如果只追求起步速度，不講求步調與長遠目標，便無法在終點微笑。投資也一樣，想著快速獲利，反而更容易跌倒，因為投資是一輩子的事，「贏在起跑點，不一定到得了終點」。

人生而不同，也因不同而平等，在投資的領域中，每個人的條件不同，追求的目標也不一樣，但這些不同，正表示投資不需要與他人比較。富有人家只要賺 5 ％，每年就有 100 萬，小資散戶卻可能要賺 1000％才能有同樣的成果，然而這即使是全世界最頂尖的投資人，恐怕也辦不到。光是羨慕別人賺得多其實毫無意義，不如思考如何找出合適自己的方法，才能實現真正的穩定獲利。

跑馬拉松，講求的是步調

我的生活很簡單，平常除了上班外，休閒興趣就是跑步與登山，每天都跑 5～10 公里不等，假日則跑 21 公里。某一天突發奇想，自認為速度與耐力都不錯，那這輩子應該要參加一場馬拉松才對，我是個極端行動派，一有想法就會立馬執行，於是報名只花了我 1 分鐘。當時也不知道是哪來的自信，第一次就報名全程 42.195 公里的全程馬拉松，還無知的認為既然都參賽了，應該要拿個好成績。

身為全馬小菜鳥的我，對一切都感到陌生無知，開跑前 5 分鐘，主

辦單位要參賽人前往起跑點準備，但人數實在太多了，起碼有 1000 多人，而起跑點僅僅 10 公尺寬不到，因此我擠破頭往前面靠，希望搶個好位子，才不會一開始就輸太多。

隨著哨聲一響，我衝在前頭緊緊跟著領先族群，前 5 公里配速約是每公里 4 分鐘左右，但雙腳卻漸漸開始沒力，呼吸有點喘不過來。即使如此，我遇到休息站也不敢停下來補充，深怕會被領先族群甩掉，直到跑 10 公里左右時，我已經快跑不動了，速度漸漸慢下來，也被甩得老遠。在剩下來的 32 公里路程，我就像殭屍一樣，腳一跛一跛，跑跑停停，過程中不斷被超越，那些一開始被我甩老遠的參賽者，一個一個從我後頭超前，其中不乏 40～60 歲的年長者，我到現在都還記得當下的挫敗感。所幸我在比賽結束前，還是跑到了終點，但成績慘不忍睹，感覺自己像個愚蠢且自大的輸家。

如果知道要跑 42 公里，難道會在意前 5 公里的成績嗎？前面衝得太快，就容易喘；妄想跟著別人的腳步，更容易亂了步調，跑者要懂得根據自己的條件與能耐去配速，才能安全跑完全程；投資也有異曲同工之妙，投資人如果只想著快速獲利，沒有正確的獲利認知，跟著別人採取極端高風險的做法，可能半路就會被抬出去，選擇合適自己的長遠投資方法，這條路才能走得又穩又安心。

我從馬拉松與投資當中，找到許多相似之處，但也意識到一點大不同，就是馬拉松頂多 6、7 個小時，投資卻是一輩子的事情，而人的一生可能有 80 年之久。

投資不是場人生博弈，而是優化生活的方式

我常常問朋友，你為什麼想要投資？其實問題的答案每個人都知道，投資當然是為了賺錢，而賺到的錢要用在哪裡，卻比賺錢本身還重要。一般常見的用途包含照顧家人、買房買車、退休規劃、兒女養育、結婚基金、回饋社會、休閒旅遊，每一件事都至關重大，也與人生密不

可分。**關於投資，最該關心的不是賺多少錢，也不是用什麼方法，而是如何避免風險。**

投資的風險是什麼？我相信很多人會說是虧損，但其實真正的風險不是虧損或賠掉本金，而是投資的成敗影響到生活，你在乎的人事物會跟著受到牽連。股神華倫・巴菲特（Warren Buffett）曾說，控制風險最好的辦法不是分散風險，而是深入思考。思考的解讀因人而異，我認為對一般人來說，投資最需要思考的風險是：如何把投資與生活分開。

投資不是場人生博弈，而是種優化生活的方式，它可以讓你生活變得更好，但千萬別讓它成為你的生活，共勉之。

股市的聖盃，就是投資自己

我從 2009 年邁入股市至今，股市中什麼人都看過，大致可分為以下四種：

第一種：有認知的投機客

這類人有自己的一套邏輯，通常專注在技術分析與籌碼分析，專注交易，並有相對應的風險認知，平時花不少時間在研究交易方法，甚至全職在家操盤，看盤盯盤解盤是日常工作。經驗老到的高手通常獲利不難，但要成為這樣的高手，需具備強大的心理素質，過程中也需付出不少代價；學藝不精的菜鳥，很容易小賺大賠，影響心情又干擾生活。這種人其實我挺佩服的，因為成功代價之大，需要不少勇氣。

第二種：缺乏認知的投機客

這類人通常不知道自己在幹嘛，對風險也有錯誤認知。他們關注每天的新聞訊息、股市漲跌、財經節目，好像漏掉訊息就會錯失進出良機，於是整天勞勞碌碌，神經兮兮。他們容易聽信親朋好友的明牌，喜歡聽小錢滾成大錢的故事，願意花錢跟隨老師，再花大筆金額入會買軟

體，但講到股票卻說不出個所以然，多是拼湊而來的訊息與方法。這種方式下，要獲利通常非常困難，賠光積蓄、套牢負債也是常有的事。

第三種：有認知的投資人

這類人買股票非常謹慎，知道賺錢並不容易，因此不會被渲染獲利的文宣所吸引。他們有清晰的邏輯思維和明確的投資法則，願意努力去做功課，了解公司的營運，研究產業的結構，清楚影響股價上漲與下跌的主因，也對風險有正確的認識。平常花大量時間在累積自己的知識，鮮少看盤、聽消息，只在自己的能力範圍內投資，不追求高人一等的獲利，而是追求較穩定長遠的績效。

第四種：缺乏認知的投資人

這類人想要有穩定的獲利，也知道投資一定有風險，卻沒有付出相對應的努力，只會看幾個指標。他們覺得研究公司營運、產業狀況既困難又麻煩，一直找不到合適自己的投資方法，當股票上漲會興奮，股票下跌會恐慌，爾後翻新聞找原因，總是在追高殺低，嚴重受到股市漲跌結果影響。他們以為自己在投資，實際上卻是盲目的追隨市場，被套牢後，通常會欺騙自己是在存股，最終本末倒置，賠了時間又賠了金錢。他們最明顯的特徵就是嘴上說著要存股，卻根本不知道自己買了什麼，這類人甚至比缺乏認知的投機客還多。

其實還有第五種人，這種人不太懂股票，認為買賣股票就是在賭博，為什麼呢？因為上述的第二、四種人，占了股市的 8～9 成，這些人展現出來的結果與賭博無異。當你看到親朋好友或家人因為投資股票而重挫負債，一定會覺得股市好可怕，錢還是放在定存比較安心，其實這樣的觀念不一定不好，只是你需要考慮定存的利率是否能贏過通膨。

投資股票的方式有很多種，不論是投資還是投機，只要有正確的認

知，與相對應的風險掌控，確實存在較為穩定的獲利方法。但股市不存在所謂的聖盃，如果真的有，那應該就是投資自己，這是 100% 勝率的投資。我常告訴友人，**不要急著獲利，而是用心培養獲利的能力，畢竟沒有哪個成功人士是不努力的，做能累積自身價值的事情，日後要在股市中累積財富就會變得容易。**

本書第 1 章介紹筆者從大學開始接觸股票迄今的心路歷程，中間歷經每日每夜交易，大賺 300 萬又慘賠 300 萬的慘痛教訓，供讀者作為借鏡。第 2 章講述股票評價的迷思與正確的應用方法。第 3 章介紹一張基本面的圖形，縮小投資人對基本面投資的進入障礙。第 4 章講述筆者的投資方法。第 5 章介紹不盯盤的精髓與實戰應用，包括各類型股票該如何投資、案例教學及資金控管。

Chapter

1

曾慘賠 300 萬，如今
用價值投資每年賺20％！

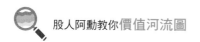

1-1

為了讓家人過好日子，窮小子立志發大財

那一夜，被迫成長

在我 2 歲那年的某一天凌晨，父親突然在床邊嘔吐、呼吸困難，母親坐在一旁拍著父親的背，由於當時年紀還小，不曉得發生什麼事情，而且半夜昏昏欲睡，最後記憶就只到這邊而已。我醒後才被長輩告知，父親永遠離開了，原因是毫無事前徵兆的心肌梗塞。當時的畫面直到現在還烙印在我靈魂深處：母親癱坐在一動也不動的父親面前，哭著告訴我們兄妹三人，以後爸爸沒辦法租錄影帶給你們看了。那是我第一次體會到什麼叫做悲傷。

母親從小就過著苦日子，白天工作，晚上念書，學歷僅國中畢業。18歲那年，認識經營建築事業的爸爸，很快就步入禮堂，宛如灰姑娘嫁給白馬王子，從此過著美好的日子。然而故事卻急轉直下，父親過世那年，母親只有 23 歲，是位全職家庭主婦，有著 3 個懵懂無知的孩子，4歲的哥哥、2 歲的我、1 歲的妹妹，無法想像當時母親的徬徨無助。

破產扛債，母親身兼 3 職

父親走後不久，短短幾年，家族的建築事業也由興轉衰，生意失敗申請破產，身為事業負責人的爺爺積欠大量債務，房子一度被查封法拍。父親的死亡保險金有一部份被拿去還債，母親身背 500 萬房貸，1

天做 3 份工作，早上備貨，中午兼職新屋清潔，下午去市場擺攤，晚上又兼職去夜市洗碗。我看著母親每晚在客廳記帳的小小背影，深刻了解到自己跟其他小孩不一樣，我不想要漂亮的衣服與鞋子，只想賺錢，藉以照顧身旁的人，解決這種無力感。我更想要回饋母親，因為她將青春都奉獻給自己的兒女。

母親在市場販售的是傳統小吃，豆漿、肉粽、糯米腸、芋頭粿、菜頭粿、油飯、紅圓粿、紅龜粿、發糕、湯圓等，與華人節慶相關的古早味、供品，我們家幾乎無一不賣。從小我就會去幫忙炒米、洗粽葉、搓湯圓與顧攤子，對著菜市場的婆婆媽媽叫賣，有時一整天叫賣下來，收入不到 500 元。當然不是只有我們，市場許多攤子，同樣一整天喊到沙啞，都賺不到幾百塊，而這幾百塊，卻都是攤販日復一日拚搏的血汗錢，當下體會到賺錢的辛苦，也明白母親的經濟壓力。

靠體力賺錢真的好累

我很慶幸，從小就意識到賺錢的重要性，而父母也給了我一副強健的體魄。上國中開始，我就會利用假日或晚上做些勞力活，打打零工，比如去工地做水電，拉電線、抬馬桶、搬冷氣，一天有 500 元；在餐廳當服務生，端盤子、收盤子、洗盤子、丟廚餘，一天賺 800 元；或是去夜市當投籃機換錢小弟、發傳單、打電話、櫃台小弟、飲料外送等，想盡一切辦法賺錢。儘管每天下班都精疲力盡，大口吃飯，大口喝水，倒頭就睡，但只要有工作我都願意做，任勞任怨，希望人資主管覺得我耐操好用，下次可以再發零工給我。除了減輕一些家中壓力，也可以有自己的零用錢花。

由於我年紀小，所以職場洗碗掃地的爺爺奶奶都還滿照顧我的，說看我就像看孫子一樣，而我偶爾也會耍個寶逗他們開心，當成自己長輩一樣看待。那些片段我到現在都還記憶猶新，特別是他們常常叮嚀那一句：「要多讀點書，不要像我們一樣，做這麼艱苦。」當下就能感受到

這句話的意思，看著他們拖著年邁的身軀，走路一跛一跛的，腰都挺不直，手關節也變形，就知道這是長年累積下來的職業傷害。而且，他們到這個年紀了，還必須出來討生活，若是自己家的長輩，我肯定會很慚愧，不希望母親未來還需要這樣。這些少年打工經歷也讓我明白到，要靠腦賺錢才行，靠勞力賺錢太辛苦了，頂多能養活自己，卻回饋不了任何人。

不知道念什麼能賺錢，就念財金吧

18 歲那年，我面臨所有高中生都必須經歷的難關——大學學科能力測驗，由於從小對國文一竅不通，分不清李白、杜甫、蘇軾及韓愈等人的詩句，加上作文總是寫到詞窮，最終只拿到底標。多數大學對國文有最低門檻申請限制，使得我能報考的大學少之又少，最終只能鎖定一所坐落於台中夜市商圈內的私立大學，單純是因為沒有國文門檻限制，而總成績又剛好到那而已，對已習慣在夜市打工的我來說，也算多了一份親切感。

選定學校後，另一項重大抉擇就是選填科系。高中生對該念什麼科系往往感到懵懂，我也不例外，畢竟除了賺錢以外，我幾乎都沒有興趣，詢問許多同窗與老師的建議後，還是不曉得該讀哪個科系好。到底哪個科系能在未來幫我賺大錢？此時我靈機一動，倒不如就讀財務金融學系，讓錢幫我賺錢。現在回憶起來，真的覺得既天真又好笑。

追高殺低，第一次買股票就虧損

大學一年級，抱著單純想學投資賺錢的想法，選了一門財務資訊的課程，課程內容主要是教導學生如何使用 Excel 選股票，並且每週寫個股看法，說明自己為何選擇該股票，並在學期末檢驗選股績效，做為總成績的評分標準之一。

第一次接觸股票的我，腦中一片空白，於是問隔壁同學該怎麼選股

票。雖然同樣是新手，但他顯然已先上網做功課，開口便教導我如何用 5 日與 10 日的移動平均線來選股，也就是人們俗稱的黃金交叉，並配合新聞稿的題材消息做確認。這番話猶如醍醐灌頂，讓我瞬間明白這就是我讀財務金融系的目的，這就是我要找的賺錢方法。

顯然，投資只有紙上談兵是不夠的。當時，我發現某支股票的股價剛出現黃金交叉，而且市場對題材的未來性普遍看好，我立刻判定不能錯過這次機會，便拉著一群同學去開戶，想趁著黃金交叉後股價還沒噴發之前趕快入手。過程非常順利，開完戶的第二天就能買賣下單，於是我用打工積蓄的 8 萬元買了人生第一張股票。當時股價 80 元，沒過多久暴跌到 60 元，我受不了虧損，就將它賣了。沒想到一年後它漲到 150 元，讓我悔不當初，覺得自己應該抱著不賣的。

然而，10 年後的今天，這檔股票已經下市，成了一張壁紙。那家公司的名稱是綠能科技，股票代碼 3519。**值得一提的是，這次的慘痛教訓沒有讓我學到什麼，只認為是自己學藝不精，沒有買在最低點、賣在最高點而已。現在看起來真是標準的散戶心態，這心態也在日後持續讓我吃不少苦頭。**

1-2

結合葛拉漢與巴菲特理念的價值投資，讓我谷底翻身

無一不學，無一專精

一開始學投資，與多數新手一樣懵懂，上網看分享、討論區爬文、誠品買書、自費上課，無一不學，但也無一專精。股票的操作方式分成技術分析、基本分析、籌碼分析，我在逐一了解基本原理後，選擇技術分析做為後續學習目標。理由很單純，有圖看、資料容易取得，而且簡單易懂，只要在一張圖上就能做完投資，還能看圖說故事，既生動又有趣，就連我念大學時的教授也開技術分析的課程，對身為學生的我來說，不僅學習門檻低，且非常平易近人。

技術分析主張所有內外在訊息都會反映在股價與成交量上，相信歷史會不斷重演，因此可以透過價量的關係與型態，去預測股價接下來的走勢，進而做出買賣判斷。當時最常見的技術指標與型態，包含均線、KD、MACD、RSI、U 型態、W型態、V型態、Bull flag、M字頭、頭肩頂、平底盤整、三角型態等，全數研究過一遍後，發現書中的方法雖教得很明確，但在實務上卻很難識別出型態，經常遇到騙線或假突破、假跌破與指標鈍化等問題。這段期間內我意識到技術分析需要時刻關注股價走勢，並配合大量的主觀市場經驗，不然很容易小賺大賠，因此後續花了不少時間研究。

2 年過去了，期間內也學著搭配籌碼面與消息面進出，但可能是天

分關係，我一直找不到一套有系統的方法，績效起起伏伏，這些胡亂學習與摸索顯然無法體現在投資獲利上。慶幸的是，除了每天花許多時間盯盤以外，我只賠了點錢與手續費，並無遭受太大的損失，這些經驗也讓我意識到，想靠投資賺錢並非易事。

自學程式交易，賺到第一桶金

度過菜鳥時期後，我開始思考：如何從股市中獲利？即使選擇相信課程所學、書本上寫的或是網路分享的方式，卻無從驗證；根據自己過往獲利的經驗，也不曉得是不是僥倖。檢討過往的學習歷程時，我也擔心別人的成功經驗會不會是歸因於特定案例、特定期間，或是靠著當事人的經驗累積才能造就，如果無法複製在自己身上，似乎都毫無意義，更多時候就只是胡亂嘗試，拿著打工賺來的辛苦錢在股市用錢換教訓而已。於是乎，我做了個重大決定，開始踏入程式交易領域。

透過學習程式交易與數據驗證，我解決了一直以來的困擾，就是主觀的「認知偏差」，什麼是認知偏差？舉個例子，我們都知道投資要「買低賣高」，但總是在「追高殺低」，因為恐慌與過度自信，讓我們總是在股票表現很好的時候買進，表現不佳時賣出，過分相信自己的直覺，過度反應市場的消息，忽略客觀應有的事實，人為誤判價量的型態，這就是認知偏差；而**透過數據驗證、統計分析，來矯正認知偏差的投資工具就是程式交易，或稱為「量化投資」。**

開始量化投資後，我對數據產生異於常人的講究，對股市上流傳的各種交易方法，進行 20～30 年的數據驗證，並估算其獲利、勝率與風險，建立自己的交易系統，這讓我在進行每筆買賣之前，有了明確的參考依據，不再需要時刻盯盤注意股價變化，不再追高殺低，隨波逐流，投資績效因此越來越好，在 23 歲時，便順利存到人生第一桶金。

狂妄是悲劇收場的開端

對一個還沒出社會的學生來說，這桶金賺得太容易了，或者說來得太早。過去的日子裡，我一直都是靠勞力賺錢，刻苦打零工來換取生活費，因此這筆錢讓我瞬間意識到，原來賺錢可以那麼容易。

隨著時間拉長，我交易越做越順，彷彿找到人生的曙光、發現投資的聖盃，於是開始嫌棄那些時薪只有 100 元的職缺，覺得工讀的同儕都很笨，個性漸漸變得有點目中無人，此時好像中邪似的，逢人就聊投資說獲利，旁人好心提醒要注意風險，我反而認為那是在觸霉頭，畢竟失敗的人總是找藉口，而成功的人找的是方法，我自命是個成功的人，非常了解風險，並且有萬全的方法可以駕馭它。在 23 歲那年，我賺到了300 萬。

故事分享到這邊，大家可能覺得這是一個年少有為的股市淘金勵志故事，但年紀輕輕就賺到一筆錢，也是不幸的開始。隨著自己交易越做越好，我開始增加交易頻率，每天都盯在電腦前看盤，甚至半夜也會起床檢查狀況，交易成了日常中最重要的事，投資策略與商品也變得越來越激進，外匯、期貨、權證、海外投資樣樣來，能放大槓桿操作的衍生性金融商品成了我的最愛，「**快速暴利**」令我感到愉悅，程式交易讓我**陷入無知的自滿，不斷賺錢更讓我高估了對風險的承受度，把股場當賭場，最終迎來人生中的慘痛教訓，賠光了所有的本金。**

經過這次的挫敗，我意識到，風險之所以稱之為風險，正是因為無法被預測；特殊事件造成的損失往往超乎我們對風險的認知，或者說，風險不僅僅是侷限於單筆交易，還包含交易平台、交易方法與個人心態。

此時此刻我體悟到，**比起獲利，穩定與累積更加重要，錢存不下來，獲利再多都沒用。認知不正確，就容易被獲利蒙蔽雙眼，人的一生沒辦法這般殺進殺出。**面對變化萬千的市場行情，靠數據與程式交易來

投資，心中始終缺乏踏實感，不了解股價漲跌的真正原因，使我不得不盯盤，深怕一不小心股價就朝意料之外的方向發展，如此緊繃的心理狀態是持續不久的。

結合「量化科學」與「質性藝術」的價值投資

從小我個性就非常固執，喜歡打破砂鍋問到底，一遇到想不通的事情，就會想盡一切辦法去弄清楚。記得學生時期，上了一位講師的課程，課程名稱忘記了，只記得文宣大概是「小資獲利翻倍投資術，只要學這一招，就能輕鬆在股市淘金」之類的。這類型的文宣，至今還是挺管用的，總是能吸引不少懵懂無知的新手報名，而當時的我也不例外。滿心期待的報了名，課堂中做了一堆筆記，並在課後問了講師一系列的問題，由於年代久遠，實際問答細節無法完整呈現，但大致上如下：

> 我：為什麼股價會上漲？
>
> 講師：因為買的人多，賣的人少，股價就會上漲。
>
> 我：那為什麼買的人會比賣的人多？
>
> 講師：因為大戶與法人看好這檔股票，他們買得多，股價後續就看漲。
>
> 我：那為什麼大戶跟法人會看好這檔股票？
>
> 講師：因為這檔股票有大利多，有接到大廠的訂單。
>
> 我：要怎麼看出企業有接到大廠的訂單？
>
> 講師：一般人看不到，那都是內線消息。
>
> 我：從財報看不出來嗎？
>
> 講師：財報通常都是落後資訊，公佈前，股價就先上漲了。

這段對話直到現在都令我印象深刻，因為我非常注重邏輯，不喜歡「含糊不清」的概念，加上天性也多疑，因此我開始研究財報，並試圖

驗證這位講師的話，但最後無疾而終，因為當時我迷戀上技術分析，直到 2 年後，歷經慘痛教訓，我才重新思索這件事情：「財報真的是落後資訊嗎？」

開始研究財報後，陸續閱讀大量的基本面書籍，當中有幾本書提到「價值投資」這個概念：「價值高於價格時買進，價值低於價格時賣出」，這個邏輯第一次出現在我的投資觀裡，而好奇心也驅使我繼續深入研究，漸漸的那些令我困擾許久的疑惑，逐一獲得解答：原來基本面投資不等於財報。

深入了解價值投資後，我的想法有了重大的改變，**基本面投資單只看財報是不夠的，還必須了解公司營運狀況、產業概況與總體經濟等，是一門大學問**。但通常價值投資給人的感覺比較模糊，有許多主觀成分，較缺乏明確的數字概念，剛入門通常難以理解，於是我結合自己的數據專業，融合價值投資的核心邏輯，一瞬間任督二脈好像被打通了。

這套方法，讓我能把熱忱與專注留給生活，把時間留給寶貴珍視的家人。許多人認為財富自由就是在家賺錢不上班，但我認為這個社會是透過認真工作的人建構出來的，工作的主動收入是生活的保障，投資的被動收入是品質的選擇。兩者並行才能更快達成財富自由，至今我仍然非常享受這種生活態度與過程累積。

1-3

為何整天盯盤，竟比不過無腦抱 0050 的上班族？

財富自由的定義

　　我在學生時期除了打工以外，還參加許多企業的寒暑期實習營。系方會與銀行、期貨、券商及保險，進行產學合作，提供職場體驗或實習機會，其中最常見的就是保險。對於求知慾過盛的莘莘學子來說，是個了解職場的大好機會，於是我順理成章的開始 2 個月的保險實習。

　　報到時主管要求大家分享自己對保險的看法，以及為什麼想要到保險業實習，我依稀記得自己說了因為不懂才想了解，也想看看保險如何做理財規劃，畢竟我從小就對賺錢這件事情非常有興趣。裡頭的氛圍很正面，大哥大姐也對我非常友善，過程更像個聽講座與互動教學的夏令營，其中必玩的一款遊戲就是「財富自由桌遊」，又稱現金流。

　　遊戲一開始會讓你填上未來的夢想，之後隨機配發職業，可看到這個職業的財務細節，比如收入、支出有多少，每月能存多少錢，又有什麼資產與負債。緊接著就是不停地輪流擲骰子體驗人生，遊戲分為兩圈，內圈是老鼠圈，描述現實生活中的情境，比如買車買房、領月薪、養兒育女、從事大買賣或投資小生意，每天過著勞碌的日子；外圈則是為有錢人設計的投資機會，讓你朝著原先設定的夢想前進。但想跨到外圈，被動收入就必須大於固定支出，也就是遊戲主旨：「財富自由」。

被誤解的財富自由

這個遊戲最終想告訴體驗者：想要快速財富自由，就要靠「槓桿」賺錢，也就是借錢投資，快速脫離老鼠圈。這對當時的我來說非常衝擊。從小身邊親戚不乏有借錢做生意搞到家破人亡的案例，我們家族也因經商失敗，欠了一大筆還不清的債，因此我當下認為這是一種「生存者偏誤」，能提倡這個概念的只有那些成功存活的有錢人，卻有無數失敗的窮人被債務壓得失去生活，這結果也反應在現今的 M 型社會。

現實與玩遊戲不同，現金流遊戲是為了讓人們打破對債務的迷思，但要小心不要陷入另一個迷思。**槓桿使用的前提是「把握」與「資產累積」，好比當生意還沒辦法創造出穩定現金流時，不要輕易貸款；當投資還沒辦法穩定獲利時，不要輕易融資。在無法穩定創造正的現金流入時，不要去想財務槓桿，因為那有可能讓人陷入極大風險。**有些人甚至放棄工作，借錢待在家做投資，但工作能提供累積資產的來源是夢想的後盾，貿然放棄工作放手一搏，有多少人對投資真的有把握？

多數人對財富自由有錯誤的理解，特別是菜籃族、社會新鮮人與涉世未深的大學生，可能會幻想不用工作，在家就能賺進大把鈔票。一些無良的詐騙集團、傳直銷業者與投機講師鎖定這點，大肆渲染「無本獲利」、「在家輕鬆賺」、「小資吸金翻倍術」等標語，吸引大批懷有致富夢想的人上門。但過程中不是跟你收取高額會費，就是讓你拉更多人投入，更誇張的還有保證獲利的違法吸金代操。我自己也被朋友拉去參加過幾場講座，裡面大談的財富自由概念就是賺很多錢、買名車與出國玩，接著貶低領薪族的甘苦，提倡自己美好的理念。

許多人汲汲營營追求「財富自由」這四個字，但沒有正確的觀念，反而會害了你。**真正的財富自由定義，應該是「再也不用為了滿足生活必需，而出售自己的時間。」**

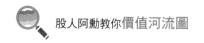

年年獲利 36 萬，靠投資僅能「苟活」

　　遊戲中有一件事令我印象深刻。老鼠圈內有一張機會卡，可以投資股票、基金與定存。我身為財金系學生，當然二話不說買股票，但玩了幾圈後，發現想單靠投資走出老鼠圈非常困難，於是我明白，想靠投資股票致富是不切實際的，99％ 的人辦不到。但如果將目標降低一點：「股票的被動收入＞生活必須的開支」，這在現實情況中可不可行？

　　我們先算一下一般家庭每月的花費。根據主計總處的《107 年家庭收支調查報告》，台灣總戶數近 855 萬戶、平均每戶 3.07 人，平均每戶的月消費支出為 6.75 萬元，平均每人的月支出為 2.6 萬元，也就是說單身族每年要花 31 萬元，一般家庭要花 81 萬元，這還不包含通貨膨脹、孝養金、稅金與其它費用。（見圖表 1-1）

　　透過支出表統計，如果想靠投資過活，即使在家無兩老與無妻無子的狀態下，每年也必須賺 31 萬元才夠餬口；常見兩大一小的家庭，每年則必須賺 98 萬元才夠，而實際狀況可能只會更多不會更少。但想要靠投資賺到這些錢，真的有那麼容易嗎？後續章節會繼續討論。

參考台灣 50，誠實的報酬為 8％

　　新聞上常常看到遭受吸金集團詐騙的受害者，哭訴自己多年積蓄付之一炬，甚至連親朋好友也一同受害。這種社會案件之所以層出不窮，除了那些違法組織手段越來越高明外，更多是受害者沒有明辨真偽的能力。如果曉得定存利率為 1.3％，儲蓄險利率為 2～3％，那聽到保本時，就不該相信有 10％、20％，甚至 50％ 以上的保證獲利，**投資本身就應該要有風險，正因為有風險，所以才有相對應的報酬。**

　　近年來最常見的詐騙案件，就是虛擬貨幣、海外投資、外匯交易等，打著資金安全，每月配息，輕鬆獲利翻倍等誘人標語，吸引廣大群眾紛紛將血汗錢與退休金投入。一開始會先給些甜頭，再讓投資人幫忙拉人加入，創造出不斷營利的假象，如同早年的老鼠會。最後當投資人

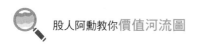

圖表 1-1 家庭年度消費試算（資料來源：主計總處《107年家庭收支調查報告》）

網路調查平均	單身	夫妻	一家三口	一家四口	一家五口
伙食費	8,500	15,000	20,000	25,000	30,000
房租/房貸	8,000	11,500	15,000	15,000	20,000
水電瓦斯	1,500	2,000	2,500	3,000	3,500
教育學習支出	700	1,400	5,000	10,000	15,000
衣物支出	500	1,000	5,000	8,000	11,000
醫療支出	500	2,000	2,500	3,000	3,500
保險支出	1,500	4,000	5,000	6,000	7,000
日用品	500	1,500	2,000	2,500	3,000
娛樂聚餐	2,000	5,000	6,500	8,000	11,000
通訊費	800	1,600	2,000	2,400	3,000
交通費用	1,500	5,000	6,500	8,500	10,500
稅金					先不採計
孝親費	－	10,000	10,000	10,000	10,000
每月約	**2.6萬**	**6萬**	**8.2萬**	**10.1萬**	**12.75萬**
每年約	**31萬**	**72萬**	**98萬**	**121萬**	**153萬**

驚覺有異報警哭訴時，錢早已移往海外，或者被洗掉了。通常有些是真的詐騙，但也有些是高風險投資，民眾在錢賠光後，會認為是自己受騙，但其實被騙的人不是笨而是貪。

　　要判斷真偽很簡單，首先要了解報酬的合理性，國內有一種商品叫做指數型基金，簡稱 ETF（Exchange Trade Funds），指數型基金的意思是，這檔基金不做主觀判斷，也沒有操盤的經理人，單純追蹤一個指數做操作，根據一個特定的規則或標的範圍做股票投資，這種方式也稱為

被動投資，報酬跟著指數走，與一般說的基金不同，並不是透過理專買賣，收取的手續費與管理費也很低，可以在股市中進行交易。

　　眾多 ETF 當中，有一檔名為「元大寶來台灣卓越 50 指數股票型基金」，股票代碼為 0050，追蹤全台股市值前 50 大的上市公司，買它等於買了整個台灣的股市表現，因為這 50 間大型公司的市值占全市場的 70% 以上，有著不會倒閉、大盤連動佳、固定配息、長期上漲等多項特點，換句話說，投資 0050 ETF，只要長期持續投入，抱著不賣，就能有比定存與保單更好的績效。它從發行以來，年化報酬率將近 8%，投資人能以此做為誠實報酬的判斷基準，但這不是指每年都能獲利 8%，而是 17 年來平均每年 8% 的報酬率，因此有些年份可能較高，有些年份可能較低，這之間的波動差幅就稱之為標準差，0050 ETF 年化標準差約為 25%，所以若有特定年份獲利超過 30% 也無須訝異。當然這種現象也不是每年都會發生，通常發生在大跌崩盤後（見圖表 1-2）。

圖表 1-2 0050歷年報酬率

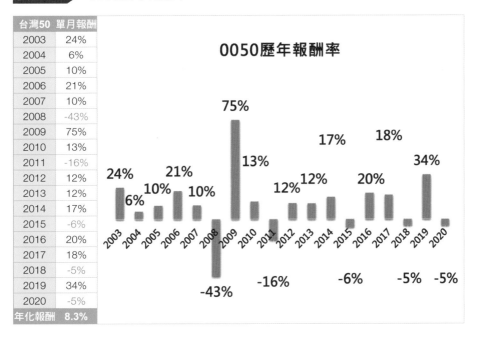

台灣50	單月報酬
2003	24%
2004	6%
2005	10%
2006	21%
2007	10%
2008	-43%
2009	75%
2010	13%
2011	-16%
2012	12%
2013	12%
2014	17%
2015	-6%
2016	20%
2017	18%
2018	-5%
2019	34%
2020	-5%
年化報酬	8.3%

如果沒有 420 萬，不要輕易辭掉工作

　　隨著媒體的大肆渲染，素人靠投資翻轉人生的成功案例，不斷被寫成書籍或專訪報導公諸於世，也讓不少民眾對投資產生興趣，甚至想著靠投資養家活口，但現實真的有書中講的那麼容易嗎？我們可以透過前文的分享進行分析。

　　一般單身族每月平均支出為 2.6 萬元，換算每年則是 31 萬元，以 0050 約 8%的年化報酬來看，需要準備 387.5 萬元的本金，一年才能賺到 31 萬元的生活費，但這筆錢是首年投資的本金，所以不能用來支應第一年的生活費。也就是說，想靠投資吃飯，最少必須先準備 387.5 萬 ＋ 31 萬＝418.5 萬的現金（見圖表 1-3）。

　　同樣的試算方法，套在一家三口的小家庭，每月平均需支出 8.2 萬元，換算每年則是 98 萬元。如果夫妻都沒有工作，純粹在家投資，加上第一年的生活準備金，總共要有 1,225 萬＋98 萬＝1,323 萬的現金。

　　對一般人來說，以上的最低標準資金絕非易事，但如果想借款來投資，也要注意前述重點，否則人生很容易陷入更大的危機。而且以 0050 的年化報酬 8％ 為基準，其實也存在盲點，因為你不會每年都剛好賺到 8％，卻每年都需要吃飯。理想總是美好的，而現實卻不得不務實。

圖表 1-3▶ 純靠投資養家所需門檻試算

靠投資養家，所需門檻	單身	夫妻	一家三口	一家四口	一家五口
每月約	2.6萬	6萬	8.2萬	10.1萬	12.75萬
每年約	31萬	72萬	98萬	121萬	153萬
所需本金＝年支出÷8%	387.5萬	900萬	1225萬	1512.5萬	1912.5萬
首年生活費	31萬	72萬	98萬	121萬	153萬
本金＋首年生活費	418.5萬	972萬	1323萬	1633.5萬	2065.5萬

1-4

不必專職做投資，
邊上班邊操作也能穩定獲利

操盤手，不是在家投資而已

　　某天有位學弟突然找我敘舊，我們找了個咖啡廳，坐下來聊聊彼此近況。他告訴我，畢業後做了幾份工作，都不太感興趣，但有存到一些錢，最近經常看見某某新聞、書籍或講師，靠投資達到財富自由，擺脫薪奴做主自己的人生，剛好本身也對投資相當感興趣，他很認真的問我一句：「學長，如果我在家操盤好嗎？」

　　當下我面有難色，於是他拿起手機簡單計算給我看，表示目前有100 萬，每個月只要賺 5 萬，就比一般薪水要來得高，又能在家陪孩子與老婆；如果玩期貨能賺得更多，上個月他就靠期貨賺進將近 2 個月的薪水。面對這滔滔不絕的口水攻勢，我知道其實他早就有答案，只是在尋求更多人的支持與認同，於是我也不好意思澆冷水，只簡單的提醒他一句：「做好心理準備，做專職操盤沒有想像中美好。」

　　越來越多年輕人夢想成為「全職操盤手」，靠操盤養活自己，不看老闆臉色，不用朝九晚六，邊操盤邊享受人生。但操盤手也分成兩種：一種是操「別人」的錢；一種是操「自己」的錢。

　　操別人的錢，必須看股東、客戶臉色，時數與壓力也不在話下，甚至有許多實務方面的限制，例如：股東會的要求、主管機關的限制、客戶的無理取鬧等，種種因素都會令投資變質。無法大展拳腳的操盤手，

又得為生活忍受委屈，其實與上班無異，這也是為什麼基金經理人績效都大同小異的原因。為了工作薪水，績效只要做到跟大家都一樣就好，即使大賺也沒特別獎勵，大賠卻可能丟工作，解套方法就是追隨整體市場觀點，賺賠都至少有個理由。

操自己的錢，也就是所謂的專職投資人，除非資金雄厚，否則常陷入「快速暴利」的思維。雖然也不乏有成功人士，但付出的努力與學費，也是一般人看不到的。

想成為專職投資人，先想清楚這 4 點

換一種說法，是不是只要本金充足，就能當專職投資人了呢？我們就幾個面向來討論，除了本金以外的考量是什麼？通常有四點：

1. 收入如何： 專職投資人每年能賺多少錢？

假設本金 500 萬，年報酬 10 ％，那一年可帶來 50 萬元的收入，相當於 4 萬月薪加上半個月的年終，但這與一般上班族的薪資水準比較起來算多嗎？除此之外，還必須考慮大盤報酬，也就是市場的平均水準。簡單來說，如果大盤今年報酬是 15％，而自己的投資績效是 10％，等於今年不僅做了白工，一年來的努力還少賺 25 萬（500萬 x 5％），普通人只要把錢放在指數型的商品上，什麼都不做，就能賺得比你多，而且他還有一份工作，帶給他穩定的現金流入。

2. 存錢效益： 專職投資人每年能存多少錢？

同樣的例子，本金 500 萬，年績效有 20％，等於一年有 100 萬元的收入，大盤表現為 15％，贏了大盤 5 ％ 的報酬，等同於今年靠著自己的努力，多賺了 25 萬元（500萬 x 5％），聽起來總算有回報了。但 25 萬與一般上班族的薪資水準比起來多嗎？透過前文，我們知道一般人的年支出大約為 31 萬，將100 萬的收入扣掉生活費後，則剩下 69 萬能存進

口袋，看似不錯的生活水準，但忽略了一件事，專職投資人與一般上班族比較起來，少了一份固定收入，會使得存錢的效率大大降低。

我們可以透過圖表 1-4 來進行簡單分析。

圖表 1-4 ▶ 上班族與專職投資人投資獲利比較

比對表	上班族	專職投資人
工作年收入	48萬（月薪4萬）	無
本金或存款	500萬	500萬
投資商品	0050 ETF	不限
投資績效	15%	20%
投資獲利	500萬×15%＝75萬	500萬×20%＝100萬
總支出	31萬	31萬
每年可存	48＋75－31＝92萬	100－31＝69萬

透過這個例子我們得知，**如果想成為專職投資人，投資的超額報酬必須＞原先工作的薪資所得，錢才存得有效率**。也就是專職投資多賺的錢（100萬－75萬）必須超過 48 萬才有實質意義。

3. 收入穩定度：專職投資人每年都能賺錢嗎？

再厲害的投資人，都沒把握年年能獲利，更不可能永不虧錢。換句話說，投資這件事情就算把握度再高，也不可能有勝率百分之百的聖盃存在，而當遇到虧損年度時，專職投資人出現「負」的資本所得，除了本金損失一部分以外，還得再拿一部分出來支應生活，等於啃老本。對比的是，一般上班族的工作卻是勝率 100% 的薪資收入。

4. 生活型態改變：專職投資人的日常生活？

　　一般對專職投資人的想像，應該是有大把的時間做規劃，想出國就出國，想休假就休假，想睡到多晚就多晚，看似自由自在的美好人生，其實暗藏許多缺點。講白一點，專職投資就是在家工作，沒有老闆、主管和同事，鮮少與社會接觸，如果是單身更慘，經常是自言自語，耐不住寂寞很容易得心病，加上親朋好友的眼光與社會觀感，其實需要很強大的心理素質，不然遇到投資不順時，很容易被自己給打敗。

　　另外一點，自律能力也很重要，否則很容易淪為糜爛，畢竟在家的誘惑太多，有香甜的床，又有放鬆的環境，生活型態又猶如提前退休，如果沒有好的健康管理，又一天到晚關在家裡，很容易憋出病來。

　　專職投資人如同一份職業，差別在可以自己作主人生，做自己的老闆，但平常要花的時間與精力不會少於一般上班族，還需面對龐大的心理壓力，而收入水準與穩定度卻不見得比較高。因此，如果想成為專職投資人，一定要先考慮過上述四點，畢竟這與生活息息相關，脫離社會要回去也不容易，僅僅是對投資有興趣是完全不夠的。

專職投資人必備的 5 大特質

　　身邊想創業或立志成為專職投資人的朋友不少，但其實在股市待久了，會發現兩者並沒有什麼差別。全職投資與創業相似，成功的專職投資人是極少數，能存活下來的可能不到 5％，另外 95％ 不是陷入生活危機，就是回頭找工作。由此可知，要成為一個成功的專職投資人，條件非常嚴苛，除了本金不能太少以外，還需要有一套穩定有效的方法，但這都僅僅只是進入門檻而已，真正考驗還在後頭。

　　根據我的觀察與歸納，成功的專職投資人需具備以下 5 點特質：

特質 1. 敏銳的洞察力

洞察力和個人天生的能力及其後天累積的知識有關，是每個人都有的認知能力，也是我們常說的眼光、遠見、聯想力以及對蛛絲馬跡的觀察能力。人們對事物的洞察能力，主要來自於以往的經驗，超出經驗的部分，通常會無法反應。這也表示洞察力是可以被訓練的，透過多方面觀察，嘗試從複雜的資訊中，把握問題的核心，並對資訊變化做出事前應對。日復一日，洞察力就會越來越敏銳。

簡單來說，一個好的專職投資人，通常有優於常人的洞察能力，**能從數據的變化去加以分析與判斷，並對事件發展有領先於他人的邏輯推理能力，如此才能不惑於市場，獨立進行投資決策。**

特質 2. 周全的規劃力

通常投資會感到恐慌，根本原因是因為了解得不夠多，不了解自己買的公司，也不清楚到底買了怎樣的股票，於是進場後，只要股價沒往期待的方向走，就會開始手足無措，好像上了台的演員，卻沒有劇本，只能東張西望看別人怎麼演，在在顯示事前規劃的不足。

孫子兵法有一句話：謀定而後動，知止而有得。意思就是：謀劃準確周到然後再行動，知道目的地才能夠有所收穫，這句話同樣適用於投資領域，**成功的專職投資人，凡事都會提前分析，深入研究，做好各情境的規劃，買進股票後，只需照劇本演出即可。**

特質 3. 嚴謹的執行力

執行力就是「按質按量地完成工作任務」的能力，嚴謹的執行力，需要具備務實、堅決的認知，克服光說不練的毛病，無論在個人生活還是投資領域都是如此。

簡單來說，就算投資人有敏銳的洞察力，去推理數據與事件的成因，也具周全的規劃力，事前設定各情境的劇本，但如果沒有嚴謹的紀

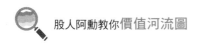

律，一切就會淪為空談。能夠存活下來的專職投資人，通常都能有紀律的執行既有投資方法，而不只是紙上談兵。

特質 4. 認錯的自省力

「人非聖賢、孰能無過」，是恆古不變的道理。人都會犯錯，但犯錯時是否具有認錯的勇氣很重要，如果沒有自覺，只懂歸咎外在因素或運氣不好，就永遠不會有長進。

成功往往是從錯誤中反思，投資也會常常犯錯，但如果不能承認錯誤，而選擇繼續忽視，那將會陷入「無知而不自知」的投資陷阱，**好的專職投資人時常會停下腳步，檢討過去虧損的原因，並對日後進行調整修正，如此才能在多變的市場中長存。**

特質 5. 積極的學習力

學習力是把知識轉化為自身資本的能力。個人的學習力包含了學習總量、學習程度、學習效率和學習品質。好的學習力能夠快速且良好地吸收知識，並將其轉換為自身的價值。

「學習時的痛苦是暫時的，沒學到的痛苦是終生的。」其實學習是一件偷懶的事情，因為學起來後，就不用再學第二次了，儘管過程辛苦，但能夠累積的事情都值得學習，**好的投資人能從實踐中獲得經驗，並不斷地攝取新知、自我更新，最終也能反應在其投資績效與穩定度上。**

由此可見，當專職投資人其實沒有想像中容易，甚至有點艱辛寂寞，如果沒賺到錢，整個人身心更容易枯萎，最終還是要回歸職場，這是很常見的現象。但並非沒人成功，我也很佩服那些成功的專職投資人，既有本金又非常自律，如同人生勝利組，只是對比失敗的人數來說，成功的比例還是太少了。「專職投資人」這個稱號，代價比想像得

高，因此若有人以此為目標，請事前思考以下四件事情：

1. 你是否有足夠的本金與投資把握？

2. 你做過上述 4 項考量嗎？

3. 你具備上述 5 種特質嗎？

4. 投資非得要專職嗎？

投資與工作難道不能並存嗎？當然可以

　　透過前文討論，我們了解到專職投資不是件容易的事，成功雖然美好，投入卻有代價；失敗不僅苦澀，而且失去更多。說到這裡，我們仔細想想，難道投資非得要專職嗎？

　　其實能選擇的生活型態與投資方式很多，可能有人會認為不專職就做不好投資，但這跟方法有關，如果是以短線為主，常常需要即時追蹤市場動態、研究盤中價量變化，當然無法好好上班。這麼說只要是中長線的投資，就能高枕無憂的賺錢了嗎？其實也不然，因為**買賣期間的長短，只能決定投資的型態；買賣事前的用心，才能決定投資的績效。**

　　我曾擔任過專職操盤手，前後經手的資金將近一億，大家可能不了解這個金額背後代表的意義，意思就是虧損 5%，等於 500 萬元憑空消失，交易週期也很頻繁，是旁人無法想像的巨大壓力，時常工作到半夜。如果遇到市場方向不如預期，又必須急忙修正檢討。坦白說，若重來一次，我不會選擇當操盤手，好在人生並不是單向道。

　　如果是為了達成財富自由，其實上班兼投資是更好的選擇，累積財富的速度甚至更快，以下我們比較「上班兼投資的一般人」與「專職投資的操盤高手」，試算 20 年後的財富累積狀況（見圖表 1-5）。

　　試算期間：2003 年～2019 年（0050 發行至今期間）

圖表 1-5　上班族與全職操盤高手操盤獲利比較

普通上班族					年份	全職操盤高手				
年薪	年支出	0050績效	年獲利	累積資產		累積資產	年獲利	操盤績效	年支出	年薪
480,000	310,000	24%	1,001,286	4,200,000	2003	4,200,000	1,240,686	30%	310,000	0
480,000	310,000	6%	300,840	5,371,286	2004	5,130,686	579,813	11%	310,000	0
480,000	310,000	10%	586,880	5,842,126	2005	5,400,499	850,344	16%	310,000	0
480,000	310,000	21%	1,392,258	6,599,006	2006	5,940,844	1,592,027	27%	310,000	0
480,000	310,000	10%	843,230	8,161,264	2007	7,222,870	1,157,978	16%	310,000	0
480,000	310,000	-43%	-3,975,760	9,174,494	2008	8,070,848	-3,037,458	-38%	310,000	0
480,000	310,000	75%	4,028,814	5,368,734	2009	4,723,391	3,813,768	81%	310,000	0
480,000	310,000	13%	1,255,856	9,567,548	2010	8,227,158	1,548,862	19%	310,000	0
480,000	310,000	-16%	-1,739,003	10,993,404	2011	9,466,020	-957,829	-10%	310,000	0
480,000	310,000	12%	1,125,017	9,424,400	2012	8,198,190	1,445,938	18%	310,000	0
480,000	310,000	12%	1,249,711	10,719,417	2013	9,334,128	1,620,254	17%	310,000	0
480,000	310,000	17%	2,024,007	12,139,128	2014	10,644,382	2,381,511	22%	310,000	0
480,000	310,000	-6%	-899,860	14,333,134	2015	12,715,893	-73,521	-1%	310,000	0
480,000	310,000	20%	2,670,813	13,603,274	2016	12,332,372	3,124,234	25%	310,000	0
480,000	310,000	18%	2,983,591	16,444,087	2017	15,146,606	3,611,534	24%	310,000	0
480,000	310,000	-5%	-967,311	19,597,678	2018	18,448,141	140,972	1%	310,000	0
480,000	310,000	15%	2,793,774	18,800,366	2019	18,279,113	3,758,224	21%	310,000	0
累積至今總資產				21,764,141	最終比較	21,727,337	累積至今總資產			

試算設定：不考慮通膨與薪資漲幅，且所得複利再投資

普通上班族：本金 420 萬，年薪 48 萬元，支出 31 萬，投資 0050，只買不賣。

全職操盤高手：本金 420 萬，無薪資收入，支出 31 萬，標的買賣皆不限，且績效年年贏 0050（約 5.7%）。

為什麼是年年贏大盤 5.7% 呢？因為在這個設定下，全職操盤手在 17 年後，才能獲得與一般上班族相同的 2170 萬財富，也就是每年都要贏過大盤 5.7% 才不算做白工，但真的那麼容易嗎？

首先，這個例子沒有考慮到薪資的成長。其次，攤開台股或美股所有基金操盤手的績效，長期贏過大盤的基金可說是寥寥無幾。再者，選擇成為專職投資人，不僅僅是為了獲得與一般上班族同樣的生活水準吧？當你看到市面上的投資講師鼓勵大家成為專職投資人時，請讀者要意識到一件事：其實他也在工作。

於是我們換個角度思考，難道上班與投資不能並行嗎？當然可以，而且累積財富的速度更快，**讓主動收入成為生活的靠山，讓被動收入增添生活的品質**。假設普通上班族利用下班或假日時間來做知識累積，並且持續用心在能力圈內投資，其實要贏 0050 並不是天方夜譚，也無需時時刻刻在意股價走勢，更能專注於日常生活工作。舉上述相同的例子：

試算期間：2003 年～2019 年（0050 發行至今期間）
試算設定：不考慮通膨與薪資漲幅，且所得複利再投資

普通上班族＋不盯盤投資：本金 420 萬，年薪 48 萬，支出 31萬，能力圈內投資，每年贏大盤 5.7%。

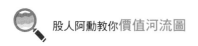

圖表 1-6 認真上班，用心不盯盤的獲利累積

年份	認真上班，用心不盯盤				
	年薪	年支出	操盤績效	年獲利	累積資產
2003	480,000	310,000	30%	1,240,686	4,200,000
2004	480,000	310,000	11%	634,057	5,610,686
2005	480,000	310,000	16%	1,010,044	6,414,744
2006	480,000	310,000	27%	2,035,250	7,594,788
2007	480,000	310,000	16%	1,571,152	9,800,038
2008	480,000	310,000	-38%	-4,343,518	11,541,190
2009	480,000	310,000	81%	5,948,817	7,367,672
2010	480,000	310,000	19%	2,538,994	13,486,489
2011	480,000	310,000	-10%	-1,638,757	16,195,483
2012	480,000	310,000	18%	2,597,394	14,726,725
2013	480,000	310,000	17%	3,036,696	17,494,119
2014	480,000	310,000	22%	4,631,479	20,700,815
2015	480,000	310,000	-1%	-147,450	25,502,294
2016	480,000	310,000	25%	6,466,363	25,524,844
2017	480,000	310,000	24%	7,668,470	32,161,207
2018	480,000	310,000	1%	305,659	39,999,677
2019	480,000	310,000	21%	8,321,815	40,475,336
累積至今總資產					48,967,151

　　上面這個例子，投資人 17 年能累積將近 4900 萬元的資產（見圖表 1-6），仔細觀察，更會發現其實早早就達成財富自由。當然這都只是紙上談兵，但我們也透過上述分析，理解到一件事：「專注上班不盯盤，累積財富的速度更快更穩」，前提條件就是要足夠用心，這也是我正在做的事情。

　　我很享受我現在的生活，是個熱愛價值投資，認真上班不盯盤的財務工程師，平時兼職經營 6 萬人的臉書社團，不盯盤的時間都在上班、讀年報、喝咖啡。假日偶爾跑跑馬拉松與登登百岳，與大家無異，是再平凡不過的日子了。如果你也希望成為這種人，那邀請各位與我一起作伴，**看看我是用什麼方法，不盯盤又能賺自己的 20%，把熱忱與專注留給當下的生活，把時間與陪伴留給寶貴的家人，主動收入＋被動收入並行，累積財富的速度才會更穩更快。**

什麼是價值投資？
和存股有何不同？

2-1

賺價差就是投機，存股才是價值投資嗎？那可不！

價值投資的起源

　　「價值投資」是一種常見的股票投資策略，起源於 1920 年，已有近百年歷史。這種策略首度披露在班傑明・葛拉漢（Benjamin Graham）和 大衛・多德（David Dodd）的《有價證券分析》（*Security Analysis*）一書中。前者也是我們熟知的價值投資之父，當代著名的價值投資大師，例如：巴菲特、湯姆・芮普（Tom Knapp）、約翰・奈夫（John Neff）等，皆是葛拉漢的學生。

　　葛拉漢是經濟學教授兼投資人，有兩本經典著作，分別是 1934 年的《證券分析》與 1949 年的《智慧型股票投資人》，被奉為價值投資的必讀聖經。他的投資理念十分強調投資者的個人心理，以及投資標的的「安全邊際」，每間公司都有其內在價值，但市場價格時常與內在價值產生偏離。股價可能比真實價值更便宜或更貴，因此投資人應該買那些內在價值遠高於市場價格的股票，也就是安全邊際的核心概念。

　　簡單來說，**價值投資的基本原理是「在股票價格比內在價值低時買入，接著耐心等待市場價格反映其真實價值，隨後在股票價格高於內在價值時賣出。」**由此可知，該理論相信長期來說，股價會往「價值」趨近，因此只要買進目前價值遠高於價格的股票就行了。

　　舉個例子，早餐店豆漿一杯約 15～25 元，若高於這個價格，我們

不會買，若低於這個價格則覺得划算。15～25 元是豆漿在我們心中認定的內在價值，而價格就是早餐店標榜的豆漿售價。這個概念聽起來很簡單，實務執行起來卻非常困難，因為一間公司的內在價值應該如何定義，至今都沒有一個明確答案，也是這門學問最深奧的地方。

價值投資的 2 大類型

隨著時代的變遷、所屬市場的差別及投資人性格的差異，價值投資陸續演化出許多不同的應用方法，由股神巴菲特發揚光大。雖然巴菲特師出於葛拉漢，但他們兩人對價值投資的理解，卻有明顯的不同，以下做個簡單區別。

葛拉漢的量化價值

何謂量化價值？要先了解何謂量化分析。**量化分析採實證主義的觀點，以「統計驗證」與「數據分析」來探究股市的現象，透過嚴謹的推論，來客觀解釋現象背後的意義，並以此為依據，進一步對未來做出決策與預防風險。「量化價值」就是用數據的方式，估算出企業的合理價值，並以此為依據進行買賣。**其中最具代表性的人物就是葛拉漢。

葛拉漢不會試圖了解公司管理層，也不勘查公司營運狀況與獲利能力，更不會去了解公司有哪些企業風險與競爭優勢，主要是看資產負債表上的清算價值，用低於清算價值的價格買進一大批公司。即使這些公司都破產也沒關係，因為當初買進價格比實際清算價值低了許多，因此仍可以拿回比當初投入成本更高的獲利。

採用這種投資方法，必須大量分散持股，因為價格低於清算價值的股票，雖然夠便宜，但不表示能獲利，有時甚至代表公司營運正陷入麻煩。因此，為了降低企業經營不善所帶來的傷害，要買進大量的便宜股票（低帳面淨值比、低本益比），這類股票隨著時間經過，多數會有不錯的報酬，少數幾檔股票甚至能賺到翻倍的獲利，就算公司破產也沒關

係，因為損失不多，畢竟買得夠便宜。**葛拉漢的投資方法追求整體投資組合的勝利，而非單一個股的獲利。**由此可知，想要採取葛拉漢的方法，首先要有較多的資金，才能持有 **20～30** 檔公司，達成分散風險的效果，另外要對會計與財務報表有一定程度的了解，因為其估值方法主要取決於資產負債表上的「清算價值」。

但是，價值的衡量不僅僅侷限於清算價值，還有其他常見的方法，例如：本益比、現金流量折現、股利折現與經濟附加價值等。日後不管是哪一種估值方法，只要滿足對數據量化的特性，世人都將其歸類為「量化價值投資」。

量化價值特點：

1. 講求財報數據與客觀驗證。

2. 明確性高，容易複製。

3. 大量持股，講求分散風險。

4. 不多做公司營運判斷，以免適得其反。

5. 公開資訊即可用以評估。

巴菲特的質性價值

不同於量化分析對數據的講究，質性分析被稱為不用數據的研究，主要看企業的品牌價值和營運狀況，分析其競爭優勢與推升獲利成長的要素。比起量化分析對數據的執著，質性分析更專注在衡量企業的無形價值，但這不表示質性分析不看數據。要學會做質性判斷，仍需要一定程度的會計能力，以便了解公司數據背後的真正含意，並推估未來的成長願景。巴菲特就是這類的代表投資人。

巴菲特的方法對一般投資人而言，進入門檻極高，因為涉及大量的個人主觀判斷，並根據過去的自身經驗來推估公司的內在價值，因此幾乎看不見巴菲特給出任何明確的投資指標。目前市面上看到許多巴菲特選股功能，那是世人根據巴菲特的理念，私自定義出來的指標，並非這

位股神認可的公式，而且他的選股方法也不存在標準的公式，更多是股神自己的「眼光」，這是他與葛拉漢之間存在的決定性差異。

要以質性分析來評估一間企業，所需的時間與精力比量化分析還要多，而且評估項目林林總總，其中包含對產業的評估、與經營者的對話、競爭對手的狀況與公司的優勢等。不幸的是，即使耗費多時進行全面的分析，也無法利用數據證明你是對的；相反地，當然也無法證明你是錯的。

在巴菲特的經典語錄當中有一句話：「如果你不願持有一檔股票 10 年，最好連 10 分鐘也不要持有。」這句話被許多價值投資者奉為聖旨，但其實它有 2 個前提，就是要有展望未來 10 年的好眼光，與耐心等待 10 年的驗證時間。

巴菲特是非常聰明的投資人，要採取他的方法，投資人必須擁有異於他人的獨立思考能力，思維領先市場，專注在自己的能力圈內去做投資。有別於葛拉漢的分散持股，巴菲特認為要集中投資在少數的好公司，猶如他在致股東的信上寫著：「若你是稍具常識的投資人，能夠了解產業經濟的話，應該就能夠找出 5 到 10 家股價合理，並享有長期競爭優勢的公司，此時一般分散風險的理論對你來說就一點意義也沒有。要是那樣做，反而會傷害到你的投資成果並增加你的風險。我實在不了解那些投資人為什麼要把錢擺在他排名第 20 的股票上，而不是把錢集中在排名最前面、最熟悉同時風險最小、獲利可能最大的投資之上。」

聽完這段話，如果認為集中投資就能放大獲利、分散風險，那將非常危險，因為有個前提就是要足夠了解企業，而且有非常高的把握。巴菲特也表示：「我們相信集中持股的做法同樣可以大幅降低風險，只要投資人在買進股份前，能夠加強本身對企業的認知以及對其競爭能力熟悉的程度。」這句話隱含，如果集中投資在自己不太了解的企業上，可能會本末倒置，變成放大虧損，集中風險，是非常愚蠢的做法。

質性價值特點：

1. 能力圈內投資。

2. 集中持股 10 檔以內。

3. 主觀個人經驗判斷。

4. 著重在護城河與企業無形價值。

5. 沒有明確的複製依據。

站在巨人肩膀上思考

哪一種才是真正的價值投資？兩者皆是，而且不存在高下之分，差別在對企業價值的評估有著不同的見解。如果對於不確定性會感到恐慌，不習慣去推理與預估，習慣依循明確的衡量標準，那葛拉漢的量化價值，能提供你一個好的遵循依據；如果足夠聰明，擅長洞察企業與獨立推理，並擁有領先的資訊，或許巴菲特的質性價值更適合你。

我們身為投資者，要做的不是選擇學派，而是站在巨人的肩膀上，考慮自身限制、現有資源與個人特質，以價值為中心思想，建立屬於自己的投資方法。我喜歡葛拉漢對於數據的明確性，同樣喜歡巴菲特用「護城河與能力圈」的角度找尋並評估好公司，但我不具有巴菲特的龐大資訊、資金與天賦，也不喜歡葛拉漢分散持股 20～30 檔股票的方法，因為會浪費不少資金效益。

因此我決定用量化的方式，評估價值的合理區間，初步篩選出一批價格便宜的好公司，接著用質化的分析，了解其營運狀況、護城河與企業風險，確認其投資價值，最終在能力圈內，找出 5～10 檔具有未來上漲潛力的便宜好公司，買進後持續定期追蹤，這就是我的價值投資。

擷取雙方特點：

1. 講求財報數據與客觀驗證。

2. 明確性高，容易複製。

3. 能力圈內投資。

4. 集中持股 **10** 檔以內。

5. 主觀個人經驗判斷。

6. 著重在護城河與企業無形價值。

價值投資的迷思

金融海嘯結束後的 11 年，全球股市走了大多頭，不少在當時買股的投資人，只要抱著不賣，紛紛取得不錯的報酬率，也讓「存股」成為一門顯學。藉由持續投資股利政策穩定的績優公司，並長期持有領取股利，享受資產複利的累積效果，成為一般菜籃族最喜愛的投資方法，其中又以金融股最受大眾歡迎。奉行存股的人越來越多，相關書籍一本一本的出，漸漸有人將價值投資與存股兩者混為一談，甚至認為長期持有領股利就等於價值投資，價差就是投機，但真的是如此嗎？其實投資人搞混了價值投資的核心邏輯，也誤會了股票投資的根本獲利來源。

長期投資不等於價值投資

一般股民通常喜歡跟風，流行什麼就買什麼，或者盲目跟進存股大師持有的標的，誤認為只要擺著不放就能賺錢，但只要是股票投資，都一定存在風險。比方說，獲利衰退的股票，抱再久都沒有用，買得太高，甚至可能拖累存股的效益；而獲利成長的股票，只要買得夠低，待股價飆漲賣出，這期間可能半年不到，卻能獲得豐厚的利潤。因此，若學會判斷股價是否合理與獲利能力是否穩定，即使投資時間不長，也能獲得不錯的投資績效。簡單來說，**長期投資的關鍵是取決於能否挑選到具有投資價值的股票標的，而不是長期持有就等於價值投資。**

存股領股息，不等於價值投資

股息不等於定存利息，股利殖利率也不等於定存利率，兩者存在本質上的差異，人們常常將其搞混。事實上定存利息是銀行給你的存款利

潤，股息則是公司把你原先的資產還給你，而就算不領，投資人的資產也不會有實質變化。為什麼？因為「除權息」，也就是領股利的當下，股票成本與價格都會下滑，事後股價如果無法順利「填權息」，回到除權息前價格，投資人不僅賠了價差，甚至還要繳稅，並無實質的獲利。說白一點只要股價無法高於成本，股利領再多都沒用，更別談獲利。

獲利的來源其實是「價差」，而不是股利。這裡所指的「價差」，是買進成本與股票價格的差距，也就是我們常說的資本利得。看到這裡肯定有許多人要跳腳了，因為許多大師都跟你說，領股利才是投資，價差等於投機，價差就是短線交易，但真的是如此嗎？

舉個例子，小明買進 A 公司的股票，成本為 100 元，而目前 A 公司的股價也同為 100 元，並宣布今年要發放現金股利 10 元。如期除權息後（除權息日），股價向下調整成 90 元，而小明也拿到了 10 元的現金，但整體來說小明並無實質獲利，因為公司只是先把現金退回給小明而已，使得小明的成本由 100 元 變成 90 元，但 A 公司股價也從 100 元變成 90 元。成本降低的同時，價格也降低了，這就是「除權息」。那存股該如何才能實質獲利呢？很簡單，只要「填權息」就能獲利，也就是價格從 90 元漲回除權息前的 100 元，此時價格（100 元）與成本（90元）才會有 10 元的差距，而這 10 元才是真實入袋的獲利。

我們反思，「填權息」不就是價格上漲的一種形式嗎？而價格該如何才會上漲呢？答案其實更簡單，就是公司能持續賺錢，甚至越賺越多，股價就會持續上漲。**由此可知，獲利的根本源頭，是企業獲利能力推升所帶來的價格上漲，股利並不是獲利，只是將成本與價格同步降低而已，只有當價格與成本之間有差距，投資才能有實質的獲利。**

奇怪，巴菲特不是推崇買進好公司後就不要輕易賣出嗎？以結果而論，巴菲特所持有的股票都非常長期，但長期不表示就是存股領股息，其實股神的投資，來自股利的部分非常微薄，絕大多數是來自企業的價格成長，也就是我們所說的資本利得。股神看重的是成長力，而非存股

領取的股利，而長期持有的原因，是因為他認為企業的成長力還未衰退，仍舊符合他心中所謂的便宜，**他相信有成長力的公司，內在價值會不停上升，現在的昂貴價可能是日後的便宜價，因此不會輕易賣出。**

這和我們熟知的存股有很大的差異，存股的中心思想是，只要公司體質健康，獲利穩定，並且能持續的「填權息」，就能不在意股價的波動持續買進。而且，通常要存至少 10 年以上，才看得見顯著成果，這段期間如果進進出出，可能得不償失，失去複利投資的效果。

看似簡單的概念，實際執行起來卻相當困難，特別是大多數的存股族在認知上仍舊存在相當大的落差，誤以為自己有足夠的勇氣在下跌時買股，或認為任何價格都能持續買進，卻時常賺了股息、賠了價差，被套牢後又認為只要抱著不賣，總有一天會獲利。其實，存股最困難的部分不是抱股，而是不曉得如何評估企業的價值，買到過高的價位，看著帳面的損失，又不了解自己買了什麼，最後只能被市場抬出去。

價值投資的中心思想

買得合理相當重要，我們回到價值投資的核心邏輯：安全邊際。**安全邊際等於內在價值與股價之間的距離，透過買進價格低於價值的股票（高安全邊際），並耐心等待市場發現其價值，等到價格高於價值時（低安全邊際），再把手中持股賣掉獲利。**

關於價值的衡量，每個人心中都有一把評估價格合理性的尺，並以此為依據進行買賣。這把尺的衡量方式會影響持股時間的長短，不表示時間較短就是投機。價值投資是種邏輯，而非買賣方式，存股、價差與抱股都只是應用方法，不表示這些方法就是價值投資。

價值投資的應用方法

不論是葛拉漢的量化價值，或是巴菲特的質性價值，只要是牽扯到價值的衡量，都可以歸類於價值投資的一環。隨著時代的演進與全球的

普及，對價值的探討因地制宜，衍生出不下百種的評估方法，雖然沒有萬宗歸一的標準流程，但都謹遵安全邊際的教誨，追求謹慎的投資。以此概念為出發點，應用的方法與適用的產業又不盡相同。以下就我個人觀察，將常見的三種模式進行歸納：

存股型的價值投資人

這類型投資人會選擇產業變化較小的金融股與民生股，較少投資科技股，除非是具有深厚競爭優勢的科技龍頭，例如台積電（2330）。大部分資產都配置在價格波動較小的類股上。此外，投資標的需滿足股利政策穩定、獲利能力平穩。財務狀況無慮等條件，通常是中大型的績優股。這類投資人通常不太賣股，只要公司不要出太大的問題，價格合理就會持續買進，領取股息降低成本，並享受持續的填權息獲利，少說持股週期都是5～10年起跳。

　　人格特質：個性保守的上班、菜籃、退休族。

　　投資標的：金融股、民生股、傳產股、龍頭股，口袋名單偏少。

　　評價方式：現金殖利率法。

　　買進時機：只要價格合理就持續加碼買進。

　　賣出時機：除非發生大衰退，否則不會賣。

　　獲利方式：每年領取股利，並期待股價填權息。

　　優點：不用擇時、不需要花太多時間研究，方法簡單。

　　缺點：需要異於常人的定性，否則海嘯來臨時，不僅受不了虧損，還不敢加碼買進。

價差型的價值投資人

這類型投資人並沒有偏好的個股類型，只要是具有競爭優勢的績優股，且價格遠低於價值，都可以是資產配置標的。採取這樣的投資方

式，通常需要下功夫研究公司的營運狀況、競爭優勢、企業護城河與企業風險，在能力圈內選擇自己了解的好公司，在價格遭到低估時買進或加碼，價格高估時賣出。持股期間可長可短，沒有一定週期。這類人持股數大多在 10 檔左右，通常是專職投資人，或特定產業的專家。

人格特質：有自己邏輯思維，洞察力敏銳，學習力強。

投資標的：能力圈內，具有潛力的績優便宜股。

評價方式：量化分析（本益比、股價淨值比）＋質性分析（獲利狀況、護城河、風險）並用。

買進時機：股價遭到低估，價格低於價值時。

賣出時機：股價遭到高估，價格高於價值時。

獲利方式：資本利得為主。

優點：獲利週期不會太長，可選擇的標的較多。

缺點：需要花時間研究年報、法說會、股東會，較需要產業知識。

成長型的價值投資人

這類型投資人看待企業，通常有自己獨到的見解，喜歡找尋市場上遭到低估的中小型潛力股，集中投資在這些股票上，通常不超過 5 檔。衡量價值的方式偏重「成長力」，認為有成長力的公司，只要獲利能持續成長，現在的昂貴價就會是日後的便宜價。採取這樣的方法，需要下更多質性分析的功夫，判斷公司產品趨勢與產業前景，確認公司的核心競爭優勢能推升其獲利進一步上升。他們的持股週期通常很長，短則 2～3 年，長則 5～6 年，只要公司獲利還能持續成長，就不會輕易賣出股票。

人格特質：有異於常人的獨特見解，非常聰明且專注力極高。

投資標的：上市時間不長，且具未來趨勢的冷門潛力股

評價方式：本益成長比＋質性分析（產業概況、產品趨勢）並用。

買進時機：成長持續推升，就持續買。

賣出時機：成長不斷下滑，就果斷賣。

獲利方式：資本利得為主。

優點：選對的話，通常獲利會翻好幾倍。

缺點：學習門檻高，需精通產業趨勢；看錯時常要停損。

以上三種價值投資人，哪一種最好呢？很可惜股市並不存在聖盃，方法也很難分出高低，**與其爭論誰才是真正的價值投資，不如依照自己的個性選擇合適的投資方法**。我個人屬於 40％ 的價差 ＋40％ 的成長 ＋20％ 的存股，根據公司的屬性，選擇相對應的策略做資產配置。

投資不該盲目效仿大師

時常看到網上有人大肆評論價值投資，主張巴菲特致股東的信上寫過什麼，某某價值投資大師講了什麼，高調提倡著這些價值投資大師的投資方法，而且市面上還存在一堆打著巴菲特、葛拉漢名號的選股軟體。但我心想，效仿這些大師，真的對投資人有幫助嗎？

這些名流千史的投資大師都對投資有自己獨到的見解，搭配強而有力的邏輯思維，在所屬的領域內取得卓越的成功。但並非每個人都能效仿這些方法，為什麼呢？原因有三點。

1. 條件不同：

巴菲特有雄厚的本金、資訊的優勢與能夠影響公司決策的能耐，比起一般投資人，這些條件，能讓他更了解公司未來的走向，更清楚企業經營者的想法，進而做出高把握度的決策。但普通投資人並不具備這些優勢，就算找到了，也會因為價格波動時，無法掌握即時訊息而感到恐慌。因此，在沒有把握的情況下，不能盲目學巴菲特集中投資，否則一

旦看錯便容易遭受嚴重損失。

2. 天賦不同：

華特‧許羅斯（Walter Schloss）也是位傳奇投資人，與巴菲特是好友，兩人同樣為葛拉漢的學生，但不同的是，許羅斯是葛拉漢的信仰者，是量化價值派的投資人，他曾經讚賞過巴菲特：「華倫非常聰明，但沒有人跟他一樣聰明，所以我們不能學他。」巴菲特的價值投資需要耗費巨大的精力做研究，領先市場下決策，並要隨時追蹤公司改變且即時應對，這對一般人來說不容易。一般人往往是等數據出來後，才意識到企業的變化。

3. 市場不同：

世界各地的股市規則並不相同，所擁有的資料與主管機關法規也不同，這些不同也會影響投資者對於股市的看待方式。好比美股並不存在籌碼資料，而台股卻有；台股鮮少有公開機構預估資料，美股則非常容易取得，這些不同之處會從本質上影響投資，因此投資人與其想盡辦法複製巴菲特的方法，不如根據台股的特性，對自己的方法加以調整。值得一提的是，巴菲特本人從沒具體描述過自己的投資方法，多是外人依據他所講的話或股東會的信，去加以猜測、量化出來而已。

面對這些價值投資大師，投資者可以信仰或崇拜他們，但不要盲目地追隨他們。**投資者要站在巨人肩膀上找出合適自己的投資方式**，價值投資的核心邏輯不變，而應用的方法則因人而異，無須區隔自己是巴菲特學派還是葛拉漢學派，這些對投資並無幫助。**只要對價值有獨立的思考能力，任何投資人都能自立一派。**

2-2

即使用模型計算，也未必能算出公司現有價值

自由現金流量折現法（Discounted Cash Flow）

　　大二那年，財金系有一門必修課「財務管理」，讓我首次接觸折現的概念，也是首次接觸到評價的方法。隱約記得教授說：「一間企業的真實價值，等於該企業未來所產生的自由現金流量折現的全數總和。」當下我聽不懂什麼叫做折現，也沒聽過自由現金流量，更不懂為何全部加在一起就會等於企業價值，但儘管不理解原理，在考試中還是用得行雲流水，只要會背公式就能拿到好成績，最終那門課我以學期總成績 98 分通過。但這是在學理上的成績，實務投資有用嗎？

　　前述的評價公式叫做「現金流量折現法」，簡稱DCF，核心邏輯是把企業未來特定期間內的預期現金流量，還原為當前的價值。簡單來說，**投資是投資未來，而不是投資過去，我們投資是為了換取未來的現金收入，那合理的股價就是這些未來的現金收入的現值，因此折現模型在學術上就成為評價的基礎。**當公司有能耐在未來產生現金流入時，它的價值才會被市場認同。學術界通常把現金流量折現法當作企業價值評估的首選。公式如下：

$$內在價值 = \frac{DCF_1}{(1+r)^1} + \frac{DCF_2}{(1+r)^2} + \frac{DCF_3}{(1+r)^3} + ... + \frac{DCF_t}{(1+r)^t}$$

DCF 自由現金流量 ＝ 營業活動現金流 － 資本支出

可自由運用的現金流，是營運的現金流量扣減維持現有營運所需的資本支出和稅金後的餘額。企業可以用這些現金來擴充公司的成長，也可以發放股東股利、清償負債或預留下來做準備金。投資人可將它簡單想成，企業實質賺到的現金，當中不包含借來的錢，還要扣除接下來的必要花費後，所剩下的額度。

t 時間＝期數

通常可表示為企業存續時間，在投資領域上一般以「年」為單位。假設一間企業最多可經營 10 年，那 t＝10，DCF_1 則表示第 1 期的自由現金流量金額。

r 折現率＝資金成本

這是一種機會成本的概念，簡單來說，假設你是名投資者，現在手中的 100 萬比較好，還是未來一年「可能」到手的 110 萬比較好？100 萬是千真萬確的，110 萬則是還無法確定的，如果要讓你放棄手中的 100 萬，面對未來的不確定性，必須要有相對應的報酬補貼，也就是風險溢酬或必要報酬率。這個報酬率每個人不同，為什麼呢？因為大家對於不確定性的定義不同，這牽涉到每個人背後的投資機會成本，舉個例子：

A、B、C 三人，手中都有 100 萬。

A 投資價值股，未來一年有 15％ 的報酬率，那 100 萬就會變成 100 萬×（1＋15％）＝115萬。

B 投資成長股，未來一年有 20％ 的報酬率，那 100 萬就會變成 100 萬×（1＋20％）＝120萬。

C 投資定存股，未來一年有 5％ 的報酬率，那 100 萬就會變成 100 萬×（1＋5％）＝105萬。

透過上面這個例子，可以得知三個人都有 100 萬，但選擇的投資機

會並不相同,而15%、20%、5% 就是 ABC 三人個別的必要報酬率。如果未來無法獲得這份風險補貼,那他們就不會放棄手中的 100 萬,畢竟錢是有時間成本的,企業的自由現金流也是如此。

再舉直白一點的例子:現在的 100 萬比較可口?還是 5 年後的 100 萬呢?理所當然要現在的 100 萬,因為未來 5 年的 100 萬可能會因通膨而縮水,就算只是把 100 萬放定存,5 年後也不只100萬,因此未來 5 年的 100 萬勢必要打折看待。畢竟未來有不確定性存在,還有投資的機會成本,因此才需要有折現率來對未來的現金流打折,方便與現在的企業市值做比較。如果我每年希望有 5% 的報酬率,那 5 年後應該要有 100 萬×(1+5%)^5＝127.62 萬,我才肯放棄現在的 100 萬。

如何應用於企業評價?

舉個例子,A 企業可存活 5 年,每年分別賺 1000 萬、1100萬、1200萬、1100萬、1000萬,折現率為固定 10%,目前市場總值為 3000 萬,企業的真實價值為多少?如果是投資人,你會買這間企業嗎?

根據 DCF 公式:

$$真實價值＝\frac{1000}{(1+10\%)^1}+\frac{1100}{(1+10\%)^2}+\frac{1200}{(1+10\%)^3}+$$

$$\frac{1100}{(1+10\%)^4}+\frac{1000}{(1+10\%)^5}＝4092萬$$

買:真實價值＞市場總值(被低估)

不買:真實價值＜市場總值(被高估)

以這個例子來說,投資人應該買進這家 A 企業,因為 4092 萬＞3000 萬,目前 A 企業遭到低估。

所以,「一間企業的真實價值,等於該企業未來所產生的自由現金

流量折現的全數總和」這句話，聽起來似乎無懈可擊，好像一個人現在的身價，就等於他未來每一年可支配的現金折現後的總合。理論上挑不出毛病，但實際上呢？我們後續再討論其矛盾點。

現金股息折現模型（Dividend Discount Model）

在投資股票過程中，如何評估公司的真實價值是門學問，在學術界與實務中也有許多模型被拿來應用，其中就屬前文提及的現金流量折現法（DCF）與現金股息折現模型（DDM）最為常見。

這兩者的不同在於折現的項目不一樣，DCF 認為自由現金流量折現總和等於企業真實價值，而 DDM 是 DCF 的一種延伸應用，主張：「對投資人而言，一間企業的真實價值，等於該企業未來發放的現金股利折現的總和。」如果投資人事先可以知道公司未來每一年的現金股利，那麼將這些未來的現金股利還原為現值再加總起來，就可以得到公司的價值。DDM 更適合用在穩定發放股利的企業上，評價模式如下：

$$內在價值 = \frac{d_1}{(1+k)^1} + \frac{d_2}{(1+k)^2} + \frac{d_3}{(1+k)^3} + ... +$$

$$\frac{d_t}{(1+k)^t}$$

其中，d_t 為在第 t 期的現金股利，k 為貼現率。

當公司自由現金流全部用於支付現金股利時，兩種模型並無本質區別，但 DDM 根據成長力的不同，還延伸出三種評價模式：

股利零成長的股利折現模式

零成長股票是假設公司每年支付的股利相同，股利的成長率為零，而且股東永久持有這檔股票，因此股票的價值等於現金股利除上折現

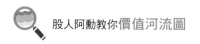

率,至於公式從何而來,這邊就不討論複雜的數學推導模型,那些交給數學家就好,一般人只需要了解如何應用即可。

$$真實價值 = \frac{d_1}{k}$$

其中,d_1 為在第 1 期的現金股利,k 為貼現率。

套前文所述同一個例子,A 企業現金股利為 500 萬,折現率(或稱必要報酬率)為 15%,目前市場價值為 3000 萬,那該企業的真實價值為多少?如果是投資人,你會買這間企業嗎?

$$真實價值 = \frac{500萬}{15\%} = 3333萬$$

以這個例子來說,投資人應該買進 A 企業,因為 3333 萬 > 3000 萬,目前 A 企業遭到低估。

股利固定成長的股利折現模式

固定成長模型又被稱為戈登股利成長模型,由學者麥倫.戈登(Myron Jules Gordon)在 1959 年所提出,在多數投資學的教材中,戈登模型是一個被廣泛接受和運用的股票估價模型,以穩定成長的未來現金股利為評價基礎。這類模型假設公司 1 年後的現金股利,將開始以某個固定的成長率穩定永續成長,然後將直到永遠的現金股利折算為現值,視為股票的內在價值。公式如下:

$$真實價值 = \frac{d_1}{(k-g)}$$

其中,d_1 為在第 1 期的現金股利,k 為貼現率,g 為固定的現金股利

成長率。

　　續同例，A 企業現金股利為 500 萬，折現率（或稱必要報酬率）為 15%，現金股利成長率為固定的 5%，目前市場價值為 3000 萬，那該企業的真實價值為多少？如果你是投資人，你會買這間企業嗎？

$$真實價值 = \frac{500萬}{15\% - 5\%} = 5000萬$$

　　以這個例子來說，投資人應該買進 A 企業，因為 5000萬＞3000萬，目前 A 企業遭到低估。

股利非固定成長的股利折現模式

　　現實裡，大多數公司現金股利並不是固定不變的，更很難以固定比率成長，通常要看公司每年的經營狀況與股利政策而定。由於股票的未來股利預期成長率並不固定，因此應分段計算內在價值。公式如下：

$$真實價值 = \frac{d_0\,(1+g_1)}{(1+k)^1} + \frac{d_1\,(1+g_1)}{(1+k)^2} + ... +$$
$$\frac{d_{t-1}\,(1+g_1)}{(1+k)^t} + \frac{d_t\,(1+g_2)}{(k-g_2)\,(1+k)^t}$$

　　其中，為d_t 在第 t 期的現金股利，k 為貼現率，g_1 為第一階段的現金股利成長率，g_2 為第二階段的現金股利成長率。

　　續同例，A企業現金股利為 500 萬，折現率（或稱必要報酬率）為 15%，前 2 年現金股利成長率為固定的 5%，第 3 年開始會以 3% 的固定成長率永續成長，目前市場價值為 3000 萬，那該企業的真實價值為多少？如果是投資人，你會買這間企業的股票嗎？

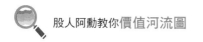

第一年股利 ＝ 500萬

第二年股利 ＝ 500萬（1＋5％）＝525萬

第三年股利 ＝ 525萬（1＋5％）＝551萬

第四年股利 ＝ 551萬（1＋3％）＝567萬

$$真實價值 ＝ \frac{500萬}{（1＋15％）} + \frac{525萬}{（1＋15％）^2} + \frac{551萬}{（1＋15％）^3} + \frac{567萬}{（15％－3％）（1＋15％）^3} ＝ 4300萬$$

以這個例子來說，投資人應該買進 A 企業，因為 4300 萬＞3000 萬，目前 A 企業遭到低估。

折現評價法的迷思

上述這三個股利折現模型，要計算很簡單，只要打開 Excel 拉表格，或用計算機按個幾下就能出來，但實務上如果這麼做，可能很快就會遇到問題了。必要報酬怎麼來？企業會存活多久？企業未來的自由現金流量是多少？現金股利是多少？成長力要怎麼預估？在現實運用上，這些指標就算算得出來，也涉及許多問題，以下我們逐一釐清。

假設過於遙遠的未來

首先，預測未來無限期的自由現金流，幾乎是不可能的任務，即使只預測未來幾期的現金流，其可靠性也非常可疑。或許有些人會說，DCF 與 DDM 適用現金流量較穩定、股利政策穩定成長的公司，但即使是這樣的公司，對普通人來說，要粗估出一個數字還是頗有難度，就連機構法人往往也只能預估「今年」與「明年」的財務數字而已。因此一般人大多採用過去資料做簡單的預估，好比過去 5 年財務數字的複合成長率為 5％，所以就假設未來每年都會以 5％ 成長，去估算出未來每一

期的財務數字。但這理論上的做法，實務上真的派得上用場嗎？

折現率非常難估計，且相當敏感

不論是 DCF 還是 DDM 都大量用到折現的概念，但折現率本身卻非常難以估計。折現率又名資金成本，或被稱為必要報酬率。由於所屬產業、生命周期與體質的不同，每一間公司都有不同的必要報酬率。

常見的作法是採用「資本資產定價模型」或「套利定價模型」進行模擬，來估算折現率，但是不一定適合所計算企業的性質，而且計算過程中存在過多的假設，往往搞了老半天，還會出現一個連自己都懷疑的數字。再者，折現率本身在評價法當中扮演相當重的角色，只要稍微變動一個百分點，就會導致結果劇烈變化。

企業能存續多久？

學理上都會假設企業是永續經營，但實際上企業壽命可能比想像中的還要短，根據美國《財富》（Fortune）雜誌報導，美國 62% 的企業壽命平均不到 5 年，中小企業低於 7 年，跨國企業 10～12 年，即使是全世界五百大企業，平均壽命也僅 40～42 年而已。在台灣，企業的平均壽命為 7～8 年，小企業的平均壽命甚至只有 3 年，能存活 10 年的企業僅 18%，存活 20 年的不到 10%，因此在現實中，用永續經營為前提來計算折現的方式存在瑕疵，甚至連猜企業會活多久，也是人算不如天算。

透過前文可以了解，**使用折現法對企業進行估值，在理論上是非常符合邏輯的做法，但在實務上卻要涉及許多主觀判斷與前提假設，存在相當大的不確定性。**任何參數的設定，都是牽一髮就能動全身，如此敏感的評價方式，即使硬套出一個所以然，也很難說服自己，一般人在運用上顯然十分困難。但好險還有其他更平易近人的方法可以選擇，人們稱之為「市場比較評價法」，也就是我們耳熟能詳的「本益比評價法」與「股價淨值比評價法」，但在使用上同樣必須非常講究。

2-3

學會看本益比就 OK？
其實在這些狀況不能用

什麼是本益比？

　　股價有高有低，但如何知道多少錢算貴、多少錢算便宜？如何評估股票合理價呢？ 不同於前章節所提的現金流量折現法等絕對評價，市場還存在另一種股票評價方式，又被稱為市場比較法。具體作法是納入與受評價企業相似的公司，作為比較的基準，計算出與企業價值相關的指標比 ，其中最廣為人知的就是「本益比」。

「本益比評價法」P/E（Price-to-Earning Ratio）
＝每股股價／每股盈餘。

　　市場的「每股價格」由買賣雙方決定。股份的價格稱為每股股價，企業的盈餘則是營業收入扣除成本、費用、稅賦後剩下的「淨利潤」，平均分給每單位股份，便稱為每股盈餘。兩者相除即是股票價格與每股盈餘的比 ，代表投資人針對每一單位盈餘所需支付的股票價格。

表彰回本的時間

　　「本益比」P/E 是基本面分析中，最廣為人知的一種評價方法。做為判斷股價是否昂貴或便宜的指標，也可想成：買進股票後需多久時間

才可以回本。「本」就是投資人付出的成本，「益」則是企業預期的淨獲利。假設一家咖啡廳的價格是 4 元，且每年可以賺 1 元，那投資這間咖啡廳，4 年過後便能回本。這就是本益比的基礎假設，**本益比數字越小，股價越便宜，代表投資可以越快回本**（見圖表 2-1）。

圖表 2-1　本益比示意圖

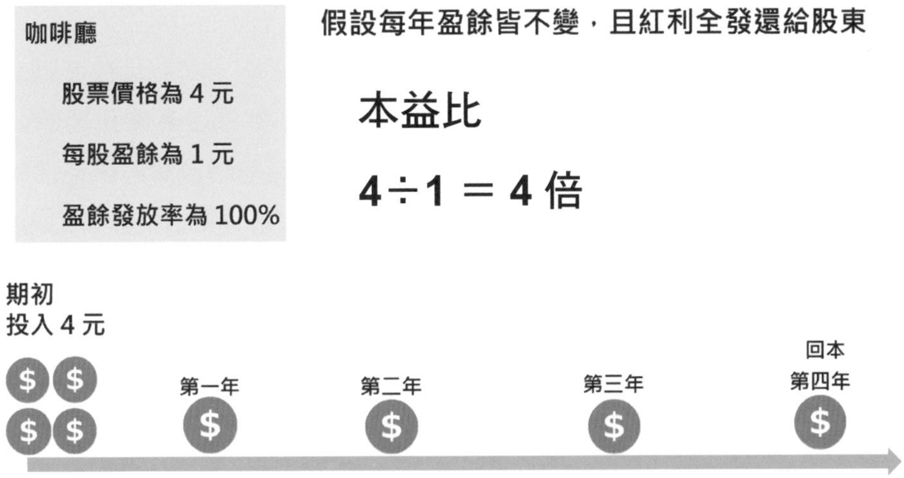

假設每年盈餘皆不變，且紅利全發還給股東

咖啡廳

股票價格為 4 元

每股盈餘為 1 元

盈餘發放率為 100%

本益比

4 ÷ 1 ＝ 4 倍

期初
投入 4 元

$ $
$ $

第一年
$

第二年
$

第三年
$

回本
第四年
$

為什麼「本益比」可以買到便宜？

透過以上咖啡廳的例子，投資人可以知道，當股價在低檔，但盈餘卻很高時，P/E 就比較低。例如，咖啡廳業績節節上升，遭有心人士眼紅檢舉衛生問題，使股價下跌為 3 元，但盈餘提高為 1.5 元，這時P/E ＝ 3 / 1.5 ＝ 2 倍，也就是原本要 4 年才能拿回全部本金，現在只要 2 年就可以拿回本金。也就是代表投資變得更划算，潛在報酬較大。

當股價很高但獲利沒跟上時，P/E 就會偏高。例如，這家咖啡廳是高雄飯店附屬店家，中國大舉開放高雄自由行，觀光客湧入飯店，咖啡廳生意跟著變好，於是股價大漲至 20 元。但實際上盈餘沒有提高很多，只上升至 2 元，那麼 P/E ＝ 20 / 2 ＝ 10 倍，也就是說現在買進，本金要

10 年後才能全數回本。這時的股價可能脫離其合理價值，呈現高估。

一般市面上常見的用法如下：

股價過貴：本益比大於 18～20，賣出。

股價合理：本益比等於 15～17，觀望。

股價便宜：本益比等於 10～12，買入。

但如果依照此種方法買賣股票，卻可能會吃大虧。**本益比在運用上很簡單，但在使用上經常面臨幾點常見的瑕疵，不是沒考慮預期的效果，就是假設過於遙遠的未來，最常見的詬病則是忽略盈餘的穩定性與產業特性。**如此簡單粗略的本益比用法，其實無法落實在實務投資中。

本益比使用的 6 項前提

方法是看人用的，本益比是我最常用的評價法之一。只要懂得正確的運用，對估價的幫助非常大，比複雜的評價模型好用許多。不過使用本益比評價，須排除以下 6 項條件。

公司虧損，本益比為負

當一間公司虧損時，每股盈餘會是負值，本益比等於每股價格除上每股盈餘，因此**如果盈餘為負，本益比也就會為負，此時便失去參考價值。**因為回本的時間不可能是負值，而且虧本的生意也沒人想做。

舉例：咖啡廳每股股價 10 元，因為競爭對手端出低價咖啡削價競爭，導致今年度咖啡廳虧損，每股盈餘為 -1 元。此時：

本益比 P/E ＝ 10 / -1 ＝ -10倍

P/E為負，沒有參考價值

每股盈餘太小，本益比膨脹

　　當一間公司賺太少時，每股盈餘可能會出現 0.1 這種趨近 0 的數字，此時本益比就會**因為分母太小而被不合理的放大**，也失去參考價值。畢竟要 100 年才能回本的生意，會有人做嗎？

　　舉例：咖啡廳公司股價 10 元，但由於附近太多同性質的咖啡廳了，導致經營只能苦撐，今年勉強損益兩平，每股盈餘 0.1元。此時：

本益比 P/E = 10 / 0.1 = 100倍

P/E太大，沒有參考價值

一次性獲利，本益比陷阱

　　公司收入可分為兩種，一種是與本業相關的「營業收入」，另一種是與本業無關的「業外收入」。例如，賣掉公司的廠房獲得 3 億元，當年度盈餘就會暴高，但廠房不是每年都有得賣，因此暫時的盈餘激增，會使得本益比分母突然被放大，令本益比變低，出現暫時性的低估假象，此時應該要剔除這種一次性的獲利，估價才不會失真，**本益比是假設未來每年都能賺一樣的錢，如果獲利沒有持續性，就沒有意義。**

　　舉例：咖啡廳公司股價 10 元，今年賣掉一台閒置的磨豆機，使得每股盈餘從原本的 1 元水準，激增至 2 元。此時：

前年度：本益比 P/E = 10 / 1 = 10 倍

一次性獲利：本益比 P/E = 10 /2 = 5 倍

明年度：本益比 P/E = 10 / 1 = 10 倍

沒有持續性，本益比會暫時性出現低估。

每股盈餘不穩定，本益比忽大忽小

　　當一間公司營運狀況不穩定，訂單有一年沒一年時，公司收入就會不穩定，每股盈餘也就跟著忽高忽低，本益比倍數就會波動劇烈，通常

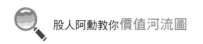

這種狀況會出現在環境變化巨大的高競爭產業。此時估值就會失去參考價值，因為**本益比非常注重盈餘的穩定性。**

舉例：咖啡廳公司股價 10 元，前幾年經營一帆風順，每股盈餘都有 1 元的水準。近年來競爭越來越激烈，複合式經營與超商搶食市場，導致經營越來越困難，每股盈餘只剩 0.2 元。咖啡廳為了不被市場淘汰，持續創新改變自身營業方式，同時也研發更好的咖啡沖泡技術，今年成功成為熱門咖啡廳，每股盈餘翻倍至 2 元。但市場需求持續改變，且消費者胃口越來越難滿足，咖啡廳仍戰戰兢兢備戰明年。

第一年本益比 P/E ＝ 10 / 1 ＝10 倍

第二年本益比 P/E ＝ 10 / 0.2 ＝50 倍

第三年本益比 P/E ＝ 10 / 2 ＝5 倍

忽大忽小，沒有持續性，會讓估值失真。

景氣循環產業，本益比變動劇烈

所謂景氣循環股，就是**公司的獲利與景氣連動性很強**，景氣好時公司能賺大錢，景氣不好時卻可能賠大錢。一般來說以原物料類股為主，如鋼鐵、塑化、紡織、橡膠、航運，營建、造紙、水泥、玻璃、食品等傳統產業，另外像金融股，獲利同樣深受政策與環境影響。本益比著重的是盈餘的持續性，所以景氣循環股不適合用本益比法來評價。

舉例：水泥大廠公司股價為 10 元，前年度每股盈餘為 1 元。今年因為中國政策因素，導致水泥供給受限，售價大漲，水泥大廠因而獲利，每股盈餘增加至 3 元，價格跟著大漲至15 元。但來年可能因為中國打房，使得需求大減，連續蕭條 3 年，水泥大廠跟著受影響，每股盈餘只剩 0.5 元，價格也跌到只剩 5 元。此時如果用本益比去看待，就會買在景氣最好時，然後慘遭套牢。

第一年本益比 P/E ＝ 10 / 1 ＝ 10 倍

第二年本益比 P/E ＝ 15 / 3 ＝ 5 倍

第三、四、五年本益比 P/E ＝ 5 / 0.5 ＝ 10 倍

使用本益比反而買高賣低，慘遭套牢。

用季資料容易落後，且本益比表彰的是預期

由於每股盈餘只有季資料，因此經常被詬病為落後資訊。舉例來說，在 2020 年 3 月 15 日時，根據台灣主管機關規定，企業最新一期的季報僅能看到 2019 年 9 月 30 日的第三季財報，每股盈餘落後當下 5 個多月之久，這樣的時間落差，容易使本益比失真，即使企業突然出現營運異常狀況，也無法及時反應在分母的每股盈餘上。

再者本益比表彰的是市場對公司未來獲利能力的預期，經營展望較佳的公司，投資人願意支付較高的股價成本，買進一單位的盈餘，因此本益比會偏高；經營展望欠佳的公司，投資人在買進一單位盈餘時，只願意支付較低的價格成本，故股票的本益比就會比較低。

由此可知，衡量企業價值，注重的是「未來」成長力。我們都知道投資股票，是買公司的「未來成長」，而不是「過去表現」，企業獲利要持續上升，推升股價上漲，投資才會有獲利。因此本益比估價，用預估未來的每股盈餘更為妥當。市面上看到的本益比，都是用近 4 季累計的每股盈餘居多，不能完整反映未來的發展，會使得評價失真。理論上我非常同意這種邏輯，但實務上，預估的每股盈餘不容易取得，因此如果是產業變動很小的公司，盈餘波動不大，還是可以採用歷史資料來估值。但為了避免上述所提及的季資料落後問題，我們要將每月營收變化也一併考慮進來，去估計「**近 12 個月的累計每股盈餘**」，才不會有太大的時間落差，這步驟會在後續章節講解。

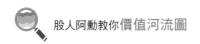

圖表 2-2　本益比不適用的6種狀況

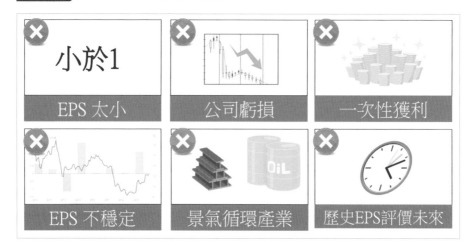

本益比，如何判別股價高低

判別股價高低時，本益比是最常見的指標，但本益比倍數要多少算是高估，多少是低估呢？市面上最常見的判別基準如下：

1. 市場相對比較法

納入全市場公司作為比較的基準，找出價格相對便宜的公司。這是典型量化價值會採用的方式，根據本益比倍數排序，接著透過百分比位數的方式，算出相對位置，找出全市場前 10 % 本益比最低的公司，與後10% 本益比最高的公司。這派的投資人認為本益比越低，公司股價被低估的機率越高；本益比越高，公司股價被高估的機率越高。

舉例：台股有 1700 檔上市櫃公司，根據本益比大小由低至高排序，本益比最低的公司排名第 1 名，本益比最高的公司排名第 1700 名，取出前 10% 本益比最低的公司，也就是 1～170 名，作為較便宜股票的代表；後 10% 本益比最高的公司，也就是 1531～1700 名，當作較昂貴股票的代表。他們認為本益比前 10% 的公司股價被低估，上漲的機率較

高；後 10% 本益比最高的公司股價被高估，下跌的機率較高。

2. 產業平均比較法

納入與受評價企業類似的公司，通常為同產業競爭對手，以此為比較的基準，計算出與企業價值相關的指標比（平均或中位數），再配合受評價企業的相關財務資料得出參考值，進而比較指標比，以求得受評價企業之估算價值。具體做法就是用同產業平均本益比與受評價企業的本益比去比較高低，衡量目前受評價企業是被高估還是低估。

舉例：汽車業有 10 間公司，本益比有高有低，但整個產業的本益比平均為 12 倍。A 汽車廠每股盈餘 4 元，股票價格為 40 元，本益比為 40／4 ＝ 10 倍。A 汽車廠的本益比（10 倍）小於汽車產業的平均本益比（12 倍），因此做出 A 汽車廠目前股價被低估的結論。

3. 絕對數值門檻

以市場平均經驗，來訂定本益比合理倍數。這是目前最普遍的做法，也是教科書與書籍的常見應用，基礎邏輯為市場的平均報酬率理論。以投資台灣 50（0050）為例，它是由台灣最大的前 50 間公司組成的投資組合，買進 0050 就等於是買進全台灣最大的 50 檔股票，這樣的股票絕對不會倒閉。因此，如果將本益比當作投入成本和每年收益的比例來看，0050 的平均殖利率為 4～5％，約相當於 20 倍的本益比（本益比的倒數 1／20），照這個評估標準，如果個別公司的本益比超過 20倍，那就太貴了，因為你可以直接去買 0050 更安全。

舉例：

股價過貴：本益比超過 18～20，報酬率小於 5％～5.5％，賣出。

股價合理：本益比等於 15～16，報酬率為 6.25％～6.66％，觀望。

股價便宜：本益比等於 10～12，報酬率為 8.33％～10％，買進。

以上三種比較法，都有其邏輯，但也有其不合理之處，原因我們透過後續章節，一步步的來探討。

本益比不能只看當下

本益比的基礎假設為，投資人付出期初的投入，每年分享公司的盈餘，要多久才能夠回本。但其實這有兩個重大瑕疵：**一、假設過於遙遠的未來；二、盈餘不會進到投資人口袋。**

舉例：

每股價格＝10；每股盈餘 ＝ 1

本益比 P/E ＝ 10 / 1 ＝10 倍，表示投資這檔股票，10年後會回本。

基礎假設公司會存活到第 10 年，而且每年每股盈餘都是 1 元，每年公司都全數發放盈餘給股東。但實務上真的有公司可以每年賺到 1 元的每股盈餘嗎？有可能準確預測未來 10 年的盈餘嗎？一定會每年都發放股利嗎？保證有辦法持續經營 10 年嗎？當然不可能，因此如果本益比只看單一時點，容易忽略公司的不確定性與特性，而上述三種方式，都是僅看單一時點的做法。

再者本益比是個比率，**如果盈餘下滑但價格也下滑時，即使本益比一直是 10 倍，但投資人的帳面虧損卻可能會一直放大，不僅沒有越來越便宜，反而越虧越多，這就是價值陷阱**（見圖表 2-3），後面章節會更完整描述。

本益比其實不能互相比較

本益比多少算便宜？**絕對合理價格不存在，不能一概套用。**很多人會說本益比 10 是便宜、20 是昂貴，但真的能這樣看嗎？每間公司存在著不同的特性，所處的生命週期不同，市場給予的預期也會大相逕庭，因此**本益比不一定會趨近產業平均或市場平均，也不會有統一的絕對值**

圖表 2-3　本益比不能顯示獲利水準

單看一個時點的本益比有盲點

2017 生意興隆	2018 同業競爭	2019 經營衰退
每股價格：100元	每股價格：70元	每股價格：20元
每股盈餘：10元	每股盈餘：7元	每股盈餘：2元
本益比：10倍	本益比：10倍	本益比：10倍

門檻可以參照。公司類型有許多種，包含績優股、地雷股、成長股、大型股與小型股，就算是同產業內互比，定義時也要足夠仔細，而在實務上要找到非常相似的公司著實困難。

舉例來說，中鋼與威致每股盈餘同樣是 1.58 元（見圖表 2-4），但本益比倍數來看，中鋼是 16.1，威致是 5.77，中鋼真的比威致貴嗎？或者能說威致比中鋼更加便宜？很顯然是不行的。

本益比參考自己過去走勢更合理

各產業的屬性不同，產業內的公司生命週期與產品也不同，本益比不應該用在不同公司的比較上。本益比表彰的是市場預期，成長力越高的股票有越高的市場預期，因此針對成長力較高的個股，也應給予較高的本益比倍數。拿統一的倍數門檻評斷價格合理性，會有失公正。

完美的股票評價模型，或是絕對合理的價格，自始就不存在，但我們可以用嚴謹的思考邏輯，衡量出股價相對的「合理區間」。在本益比評價法的使用上，我認為「參考自身歷史本益比」更有資訊價值。市場對於企業獲利能力有一定比例的估值，因此我們可以利用股價與盈餘之

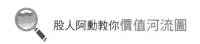
圖表 2-4　本益比不能直接比較

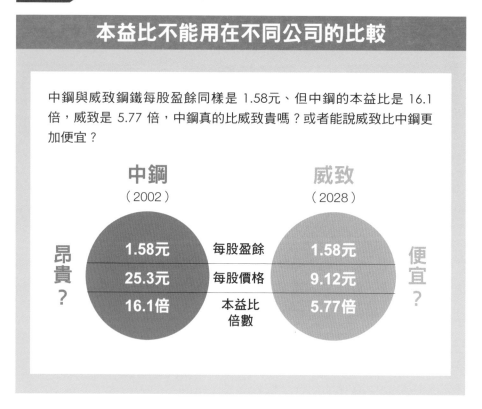

本益比不能用在不同公司的比較

中鋼與威致鋼鐵每股盈餘同樣是 1.58 元、但中鋼的本益比是 16.1 倍，威致是 5.77 倍，中鋼真的比威致貴嗎？或者能說威致比中鋼更加便宜？

中鋼（2002）		威致（2028）
1.58元	每股盈餘	1.58元
25.3元	每股價格	9.12元
16.1倍	本益比倍數	5.77倍

昂貴？

便宜？

間的強烈關聯性，找出公司目前應有的價值，建議可透過過去 5～10 年的本益比走勢，來判斷價格昂貴與否更合理。

我的本益比評價 4 步驟

　　透過前面的分析可知，使用本益比判斷股價高低，須因公司屬性而異，採用「歷史本益比倍數區間」更具參考價值，而且須將成長力也一併考量進來。就好像即使三個孩子都是同一個媽生的，但仍不應該被放在同一個天平上比較，應該要參考孩子過去狀況來判斷現在表現，同時也考量孩子未來的發展潛力。以下是我的評價 4 步驟。

圖表 2-5　正確的本益比判別基準

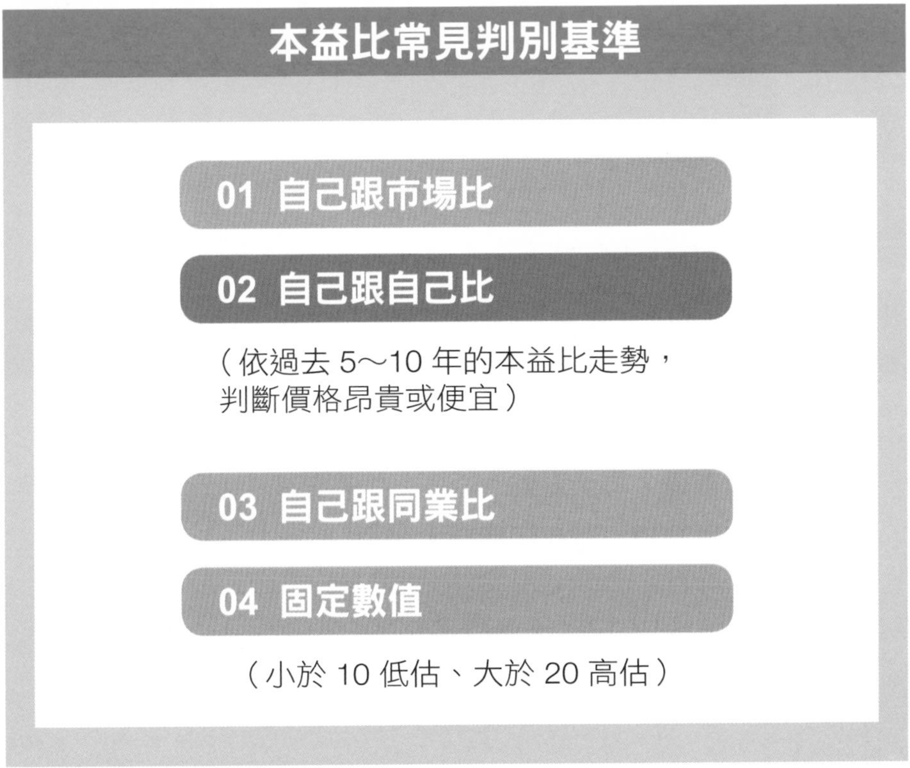

本益比常見判別基準

01　自己跟市場比

02　自己跟自己比

（依過去 5～10 年的本益比走勢，
判斷價格昂貴或便宜）

03　自己跟同業比

04　固定數值

（小於 10 低估、大於 20 高估）

評價第一步：算出過去 5 年本益比區間

評估價格區間的第一步，要**找出這間公司過去 5 年的市場預期區間**，也就是過去 5 年的本益比區間。影響股價中長期走勢的最核心因素是企業的獲利能力，絕對沒有一間公司年年虧損，股價還年年上漲。因此可以透過公司獲利與市場價格之間的相關性，也就是市場對這間公司獲利能力的估值區間，將過去 5 年的本益比分為 5 個區間，分別為低估、偏低、合理、偏高、高估，且處理上要除去極端值，避免特殊狀況影響，更要考慮公司演進，與時俱進每日滾動（見圖表 2-6）。

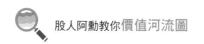

時間夠長：上市櫃至少滿 5 年，市場估值才具參考價值。

與時俱進：考慮公司本益比演進，採用 5 年為固定區間，每日往前滾動計算。

去除極端：過去時點如出現本益比膨脹或過低，皆會影響區間大小，因此要去除極端狀況。

圖表 2-6 本益比評價第一步的公式

Step **1** 個股過去1260天本益比歷史區間

1) 時間要夠長，至少滿 5 年。

2) 與時俱進，每天滾動。

3) 除去極端值，避免預期過大。

$$本益比 = \frac{每股股價}{近\,12\,個月盈餘}$$

高估本益比= 過去1260天最高本益比
偏高本益比= 過去1260天(最高本益比+中位數本益比)÷2
合理本益比= 過去1260天中位數本益比
偏低本益比= 過去1260天(最低本益比+中位數本益比)÷2
低估本益比= 過去1260天最低本益比

評價第二步：計算近 12 個月每股盈餘

每股盈餘一次都是看一年的狀況，也就是 12 個月份，但市面上不存在以「月」為單位的每股盈餘，最細分的盈餘資料只有每季發佈一次的「季每股盈餘」，以至於本益比常常遇到資訊落後的問題。但慶幸的

是，公司報表上有每月的營收狀況，因此**可配合財報與營收發佈的日期，藉由月營收來推估月盈餘**。實際做法如下（見圖表 2-7）：

近 12 個月累計每股盈餘 = 已實現的季每股盈餘＋月營收×近 4 季平均歸屬於母公司稅後淨利率／最新股數。

前提須知：

每月營收公佈日：每月 10 日以前須公佈上個月營收。

每季財報公佈日：第一季（5/15）、第二季（8/14）、第三季（11/14）、第四季（3/31）。

舉台積電（2330）為例，假設現在是 2020 年 5 月 25 日。

過去一年每股盈餘：2019 年的每股盈餘 → 落後 4 個月。

過去四季累計每股盈餘：2019 年 2～4 季 EPS＋2020 年 1 季 EPS → 落後 1 個月。

近 12 個月累計每股盈餘：2019 年 5 月～2020 年 4 月累計 EPS → 自己動手算（見圖表 2-8）。

必須留意的是，這種估計方式只適合盈餘較為穩定的個股。

評價第三步：算出價格區間

在這一步中，將第一步的「近1260 日本益比區間」與第二步求算出的「近 12 個月每股盈餘」相乘，算出相對應的價格區間（見圖表 2-9）。邏輯如下：

獲利與價格之間的相關性 = 本益比 = 股價盈餘比

股價盈餘比 = 每股價格 ÷ 每股盈餘

我們將本益比公式倒過來，就可藉由每股盈餘算出五個價格區間。

圖表 2-7 ▶ 本益比評價第二步的公式

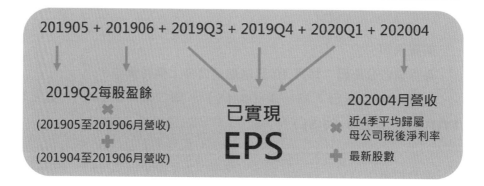

過去 12 個月累計的EPS

2019 年 5 月 – 2020 年 4 月累計EPS

假設現在時間是 2020/05/25

201905 + 201906 + 2019Q3 + 2019Q4 + 2020Q1 + 202004

2019Q2每股盈餘
✕
(201905至201906月營收)
➕
(201904至201906月營收)

已實現
EPS

202004月營收
✕
近4季平均歸屬
母公司稅後淨利率
➕ 最新股數

圖表 2-8 ▶ 本益比評價第二步的範例

舉 台積電 2330 為例

最新股數: 259.3億股

201905-06EPS: 2.57*(804.37+858.68)÷(746.94+804.37+858.68)= 1.773元

2019Q3-2020Q1: 3.90+4.48+4.51 = 12.89元

202004EPS: 960.02*(27.70%+34.49%+36.58%+37.67%)÷4÷259.3= 1.263元

201905-202004累計每股盈餘=1.773+12.89+1.263= 15.93元

2019 Q2每股盈餘: 2.57元	；淨利率 27.70%	201904月營收: 746.94億
2019 Q3每股盈餘: 3.90元	；淨利率 34.49%	201905月營收: 804.37億
2019 Q4每股盈餘: 4.48元	；淨利率 36.58%	201906月營收: 858.68億
2020 Q1每股盈餘: 4.51元	；淨利率 37.67%	202004月營收: 960.02億

低估價 ＝ 近 **12** 個月每股盈餘 × 過去 **1260** 日最低本益比

偏低價 ＝ 近 **12** 個月每股盈餘 × 過去 **1260** 日偏低本益比

合理價 ＝ 近 **12** 個月每股盈餘 × 過去 **1260** 日合理本益比

偏高價 ＝ 近 **12** 個月每股盈餘 × 過去 **1260** 日偏高本益比

高估價 ＝ 近 **12** 個月每股盈餘 × 過去 **1260** 日最大本益比

圖表 2-9　本益比評價第三步的公式

Step **3**　依照本益比計算出 5 個價格區間

獲利與價格之間的相關性＝本益比＝股價盈餘比

股價盈餘比＝每股價格 ÷ 每股盈餘

將公式倒過來，就能算出 5 個價格

高估價＝近12個月每股盈餘 × 高估本益比
偏高價＝近12個月每股盈餘 × 偏高本益比
合理價＝近12個月每股盈餘 × 合理本益比
偏低價＝近12個月每股盈餘 × 偏低本益比
低估價＝近12個月每股盈餘 × 低估本益比

　　舉台積電為例子，評估時間點為 2020 年 5 月。（見圖表 2-10）

評價第四步：進一步考慮成長力，算出目標價

　　目標價 ＝ 預估每股盈餘×目標本益比倍數（根據預估成長力給定倍數）

圖表 2-10　　本益比評價第三步的範例

台積電 2330

近 12 月預估累計每股盈餘 ＝ 15.9 元

台積電	低估	偏低	合理	偏高	高估
本益比 倍數區間	10.5	13.8	17.1	21.5	26

價格區間	本益比評價公式
低估價	15.9 × 10.5 = 167 元
偏低價	15.9 × 13.8 = 219 元
合理價	15.9 × 17.1 = 272 元
偏高價	15.9 × 21.5 = 342 元
高估價	15.9 × 26.0 = 413 元

　　基於前面章節所述的邏輯，我們了解到投資看的是未來，而非單純的過去表現，因此**在盈餘數據的採用上，應該要使用預估的每股盈餘**，投資人可以自己預估，也可以採計機構預估的平均值。

　　在評價的第一步，我們已找出企業的本益比區間，而這個區間裡有 5 個本益比倍數，哪個倍數作為股票目標本益比更合適呢？由於本益比表彰的是市場預期，成長力越高的公司，要給予更高的目標本益比倍數；相反地，沒有成長力的股票，本益比再低都顯得昂貴。因此，這一步要將成長考慮進來，這裡指的成長是「每股盈餘的成長力」，投資人可以採用機構預估的成長力，或者採用過去 3～5 年的複合成長力去評估目標本益比倍數。

前提須知：

機構預估成長率＝（機構預估未來 12 個月每股盈餘－近 12 個月每股盈餘）／近 12 個月每股盈餘。

過去 N 年複合成長率＝（今年度每股盈餘/N年前每股盈餘）^（1 / N）－1。

建議的目標本益比倍數表（見圖表 2-11）

根據經驗法則將成長力分為 4 階層：衰退、穩定、成長、高成長。

衰退：機構預估成長率小 ≤ -5%→給予低估本益比倍數。

穩定：-5% ＜ 機構預估成長率 ＜ 5%→給予偏低本益比倍數。

成長：5% ≤ 機構預估成長率 ＜ 15%→給予合理本益比倍數。

高成長：機構預估成長率 ≥ 15%→給予偏高本益比倍數。

延續上述的例子，以台積電為示範。（見圖表 2-12）

其成長力為 6.3%，根據目標本益比倍數表，採用合理本益比作為其目標倍數，隨後乘上預估的每個盈餘，求得 289 元的參考目標價，與台積電當下 292 元的價格相差不遠。

使用本益比的 4 點建議

1. 沒有預估值的情況：由於目標價是預期未來，因此採用「法人預估未來 12 個月的每股盈餘」。假使沒有機構預估的每股盈餘與成長力數據，可採用「近 12 個月累計每股盈餘」，但成長力評估要盡可能保守，才吻合價值投資謹慎安全性的概念。

2. 過高的成長力通常難以延續，因此給予較高目標本益比的同時，須謹慎思考成長力的背後成因，並保有相對的風險認知。

3. 產業變化小、盈餘穩定的股票，本益比會在一個區間內上下徘徊，這種股票非常適合用本益比估值，可藉由過去 5 年的本益比走勢來

圖表 2-11　建議的本益比倍數表

公式　根據成長率 給予目標本益比

目標價值＝ 機構預估每股盈餘×目標本益比

預估成長率	目標本益比
預估成長率 <= -5%	低估本益比
-5% < 預估成長率 < 5%	偏低本益比
5% < 預估成長率 < 15%	合理本益比
預估成長率 >= 15%	偏高本益比

判斷股價高低。但是好公司不容易出現便宜價格，因此要查明背後的原因。

4. 面臨重大轉型或剛上市櫃的公司，不適合使用本益比，因為市場估值仍舊不穩定，本益比可能不會在一個區間內徘徊。

本益比評價法重點整理

1. 適用盈餘穩定、盈餘成長的公司。

2. 本益比不一定會趨近產業平均（市場平均）。

3. 本益比要因公司特性而異，不能統一用絕對數值評估價格。

4. 本益比參考自身歷史資料更具參考價值。

5. 每股盈餘最好用未來預估的數據，若從缺則參考本節內容，自行求算近 12 個月累計每股盈餘。

圖表 2-12　本益比倍數區間計算範例

台積電 2330

法人預估未來 12 月每股盈餘 ＝ 16.9元
近 12 月預估累計每股盈餘 ＝ 15.9元
法人預估盈餘成長力 ＝ 6.3%

台積電	低估	偏低	合理	偏高	高估
本益比倍數區間	10.5	13.8	17.1	21.5	26

⬇　根據預估EPS與成長力，算出目標價

成長力	預估成長率	目標價
	小於 -5%	法人預估未來 12 月每股盈餘 × 低估本益比
	-5% ～ 5%	法人預估未來12月每股盈餘 * 偏低本益比
6.3%	5% ～ 15%	16.9 元 × 17.1 倍 ＝ 289 元
	大於 15%	法人預估未來 12月 每股盈餘 × 偏高本益比

　6. 具成長性的公司，要給予較高的本益比倍數，但要謹慎思考背後成因。

　7. 剛上市櫃的公司有蜜月期，不適合評價。

　8. 估價只是決策的一環，還要考慮成長力與產業前景。

　9. 產品轉型或獲利結構大改變之企業，不適合參考自身過去比值。

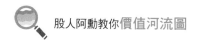
2-4

一次看懂！景氣循環股、金融股專用的股價淨值比

什麼是景氣循環股

指強烈受到「供」與「需」變動影響的企業。每個產業都有屬於自己的景氣循環，雖然全世界的股票幾乎都會受到景氣影響，但影響程度有高低之分，影響的變數也會有所不同。所謂的景氣循環股，是**指公司的營運狀況因供給與需求不穩定，導致獲利波動劇烈，且與景氣好壞高度相關，如煉鋁、鋼鐵、造紙、汽車、化工、航空等。**

如何判斷景氣循環股？用原料、產業做第一層分辨

如果依照產業去區分，通常傳統產業中，與「原料」密切相關的公司皆屬此類，而且越接近上游影響越大，但也會出現例外，比如有一部分公司會因為其競爭優勢，沖淡原本應有的景氣循環影響。電子股也有景氣循環，只是循環週期比較短，因為產品生命週期並不長，產業變動快。但這邊要特別注意的是，有些衰退產業容易被誤認為景氣循環股，但其實是舊有技術與產品被市場淘汰，不斷虧損 7～8 年後，才苦撐到轉型成功，例如：光碟片、底片相機、DRAM 銷售、太陽能等產業。因此追根究柢，還是需個別檢視企業狀況，查明背後循環原因。

以下列出標準的景氣循環產業：

大部分的傳產，例如：化學工業、水泥、營建、汽車零組件、紡織

纖維、鋼鐵、電線電纜、玻璃陶瓷、紙業、橡膠、汽車、航運、塑膠。

電子股也有一些：

上游：DRAM銷售、LED及光元件、PCB材料設備、PCB製造、被動元件。

中游：LCD－STN面板、LCD－TFT面板、LCD零組件。

下游：太陽能、光碟片。

景氣循環股不適合本益比評價

景氣循環股不適合用本益比來評價，因為公司的獲利與景氣連動性很強，公司對自身獲利能力的掌控度較低，盈餘不穩定的情況下，使用本益比評價法，會出現忽大忽小的錯估現象。

舉例：塑化產業深受原料（原油）價格影響，而原油價格會受到國際情勢與經濟狀況的影響，關係如下。

對毛利影響：

原油高檔下跌→因為積存過高的存貨價格而受到跌價損失→企業毛利下滑。

原油低點上漲→因為積存的存貨價格較低而受到漲價利得→企業毛利上升。

對營收影響：

原油高檔下跌→下游廠商預期價格之後會更低，先觀望不買→企業營收下滑。

原油低點上漲→下游廠商預期價格之後會更高，搶先買起來→企業營收上升。

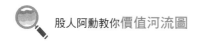

對股價影響：

原油價格上升→企業營收上升→存貨價漲→獲利上升→股價上升。

原油價格下跌→企業營收下滑→存貨價跌→獲利下滑→股價暴跌。

比如 A 塑化廠，因國際油價走勢向下，第一年每股盈餘為 1 元；次年遇到石油生產國家減產，使得油價由低點向上升，A 塑化廠因而受惠，每股盈餘激增至 4 元；但第三年國際油價又因市場供給增加，而使價格由高往下跌，因此每股盈餘又回到 1 元。面對這種狀況，如果使用本益比評價法，目標價會變得忽高忽低，不具參考價值。

每股盈餘：

第一年 = 1 元

第二年 = 4 元（盈餘激增）

第三年 = 1 元

A 塑化廠目標本益比為 15 倍，則目標價：

第一年 = 1 元 x 15 倍 = 15 元

第二年 = 4 元 x 15 倍 = 60 元

第三年 = 1 元 x 15 倍 = 15 元

假如在第二年看到每股盈餘為 4 元，給出了 60 元的目標價，可能就會買在高點，因為景氣循環股會因原料價格變動，出現特定年度盈餘暴增。如果用過去暴增的那一年盈餘來估值，就會出現過度高估的問題，買進後股價可能腰斬（例如 2327 國巨）。由此可見，景氣循環股不適用本益比法，此時要用股價淨值法來評價。

什麼是股價淨值比？

股價淨值比 = 每股股價 ÷ 每股淨值。

淨值為一家公司的總資產扣除總負債後的價值，資產負債表分為 3 大區塊：資產、負債及股東權益。根據會計原則：資產 ＝ 負債 ＋ 股東權益，也就是說，公司的資產，全部拿去還負債後的餘額，就是歸股東享有，亦即帳面價值（Book Value），會計科目上又稱為股東權益，這就是我們常聽到的淨值。

雪茄屁股（Cigar Butt）投資法

提到股價淨值比投資法，故事要先從雪茄屁股投資法說起。這種投資法起源於價值投資之父葛拉漢。他主張買股不考慮公司好壞，而是看股票清算價值。

例如，買入一間企業 Apple，它的股票清算價值是 10 元，也就是公司假如宣告破產，資產還清負債之後，剩下的餘額分給股東，每 1 股可以分得 10 元。如果此時 Apple 的股價才 6 元，那麼用 6 元就可以買進價值 10 元的Apple，算是非常划算，隨後等其他投資人發現 Apple 的價值後便會買進，導致股價追高，股票持有人就會獲利。依照這樣的邏輯，雖然可能會買到營運不佳的公司，但因為便宜，仍可以獲利，就算企業破產，也能拿回比股價 6 元更高的清算金額 10 元。但葛拉漢也知道，有些公司一點用也沒有，花時間研究並不划算，所以必須運用分散投資的方式去買，提高整體勝率。

葛拉漢是巴菲特的老師，因此巴菲特早期也採用過此方法買股票。他曾在一次演講中提到：「那是我首次買股票的方法，尋找那些股票價格遠低於流動資本的公司，非常便宜又有一點素質。我將這方法叫做煙蒂投資法。滿地找雪茄煙蒂，終於找到一個濕透、令人討厭的煙蒂，看起來還能抽上一口，那一口可是免費的。你把它撿起來，抽上最後一口，然後扔了，接著找下一個。這聽起來一點都不優雅，但如果你找的是一口免費的雪茄煙，這方法還值得做。」

但是，巴菲特現在不使用這種方法。因為此方法需要一次持有大量

的股票，而「股神」巴菲特對分散投資非常有意見，他相信集中投資在精挑細選的好公司，才能降低風險。

盈餘如果是流水，淨值就是蓄水池

多數價值投資的評價方式，都是建立在評估獲利能力。但面對獲利較為不穩定，甚至近期虧損的公司，就無法使用。盈餘變成負數時，本益比不穩定，估出的合理價格也不具參考價值。但由於股價淨值比是根據淨值去評價，淨值是資產負債表中的項目，資產負債表顯示的是某一個特定時間點，公司的經營狀況，簡單來說，**淨值是累積的存量概念。所以即便公司近期盈餘不穩定，也不影響其估價的適用性**（見圖表2-13）。

一般常見的錯誤用法：

當股價淨值比低於 1 時，該公司股價有被低估的現象，進場買入。

當股價淨值比大於 1 時，該公司股價有被高估的現象，出場賣出。

當股價淨值比低於 1 時，表示企業每股淨值高於目前股價，此邏輯假設，淨值等於公司清算價值（例如 10 元），甚至真實價值，用低於淨值的價位（例如 6 元）買入，最差的狀況下，也能拿回比買入價（6 元）更高的清算金額（10 元）。以上邏輯看似正確，但如果以此種方法去玩股票，可能會反被股票玩弄。

淨值不等於清算價值

企業倒閉，拿回的實際金額，可能比淨值低非常多（見圖表2-14）。為什麼？難道償還負債後，剩下的不是投資人能取回的清算價值嗎？我們回到淨值公式本身：

圖表 2-13　盈餘與淨值比較示意圖

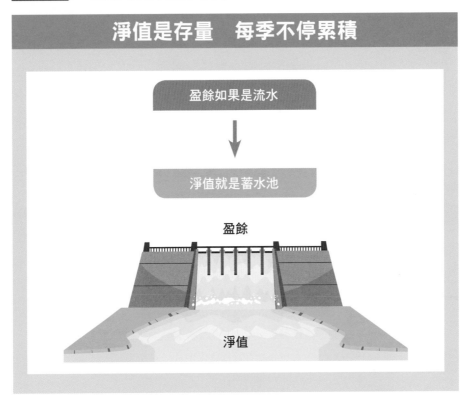

淨值是存量　每季不停累積

盈餘如果是流水

↓

淨值就是蓄水池

盈餘

淨值

淨值 = 股東權益

資產－負債 = 股東權益

從財報的結構來看，股東權益（淨值）是總資產扣除總負債後的剩餘價值，而總資產是由幾個主要大項目組成：總資產＝流動資產 + 非流動資產。

流動資產包括：現金、應收帳款和票據、存貨等。

非流動資產包括：長期投資、固定資產及無形資產等。

可以注意到，除了現金以外，其餘項目都有流動性問題。流動性就是「轉變成現金的能力」，你買了 100 萬的機器設備，用了 3 年後賣給

其他公司時，對方會依照你當初購入的價格跟你買嗎？顯然答案是否定的。廠房設備會折舊，折舊後可能剩下 60 萬，但想要售出，一定得低於 60 萬，因為在現實中，資產價值大多與現實金額有一段落差。

　　舉例來說，無形資產包括商譽、專利、版權等非實物存在的資產，很多公司的無形資產，雖然可視為深厚的護城河，但能否帶來現金仍是未知數。既然如此，這些資產的淨值還稱得上是清算價值嗎？**能換到手的現金，或是能締造現金的資產，才能被列入剩餘價值。**

圖表 2-14　淨值不等於清算價值

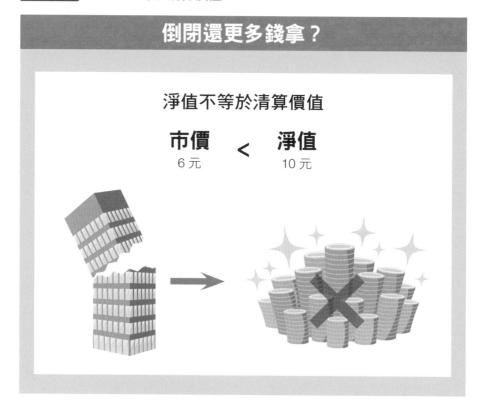

股價淨值比，如何判別股價高低

綜前所述，股價淨值比無用嗎？指標是死的，但人腦是活的，是否有用仍須視情況、方法而定。前面介紹的本益比評價法適用在盈餘穩定的公司和非景氣循環股，如遇到盈餘不穩定、獲利波動劇烈的景氣循環股時，就要使用股價淨值比。

盈餘是流量，淨值則是存量，相對盈餘波動較小，是公司成立以來的累積。盈餘只計算過去一年的獲利狀況，而且最終盈餘都會流向淨值，企業若年年獲利，淨值也會隨之增加，因此當本益比法無法適用時，可以用股價淨值比法來評價，好比東陽（1319）與國泰金（2882）等景氣循環股。判斷股價高估或低估，目前市面上有兩種常見的做法。

1. 絕對數值門檻：根據市場經驗去做主觀斷定

股價淨值比介於 0.5～1.5：股價被低估，上漲機率高。

股價淨值比高於 2：股價被高估，下跌機率高。

但這個評估法過於主觀武斷，有些股票的股價淨值比，可能都在 2 上下徘徊，但股價依然能持續上漲，因為淨值也同步跟著增加；有些股票的股價淨值比，可能都在 0.5 上下徘徊，但股價依然能持續下跌，因為淨值也同步跟著下跌。因此實務上不建議這樣採用。

2. 清算價值法：根據資產流動性，自行重計清算價值

股價 < 清算價值：股價被低估，上漲機率高。

股價 > 清算價值：股價被高估，下跌機率高。

這個做法是仿效葛拉漢提倡的「清算價值」，採計流動性較高的流動資產，計算其清算價值。比如現金、有價證券流動性較高，可直接採計金額，而存貨或應收帳款，會給予一些主觀的折扣，當作是兌換現金產生的折損。如果是非固定資產，折損比例更大。但其實這有一個盲

點。實務上企業很少真正走到清算這一步，而且為何要評價即將被清算的公司呢？再說，清算價值不等於內涵價值，像無形資產等難以被估計的項目，雖然流動性不如現金，卻常常是企業競爭力的根本所在，因此這樣估出來的清算價值，只能當成保守的參考數字。

股價淨值比，參考過去歷史走勢更有價值

使用數值門檻過於主觀、採用清算價值法又有許多盲點，那股價淨值比該如何使用？**我們可藉由「股價與淨值之間的關聯性」來評價。**市場對於企業帳面價值有一定程度的估值比例，衡量企業著重的是獲利能力，盈餘往往最直接的表達方式，但淨值是盈餘的蓄水池，只要企業能持續獲利，淨值也會持續上升，因此淨值對股價仍有一定的解釋能力。

「參考自身歷史股價淨值比」更有資訊價值，此邏輯與本益比的作法類似。由於各產業的屬性不同，產業內的公司生命週期與產品也不同，拿統一的倍數門檻去評斷每間公司的價格合理性，會有失公正。因此可利用股價與淨值之間的關聯性，找出公司目前應有的價值，建議可透過過去 5～10 年的股價淨值比走勢，去判斷價格是否合理。

我的股價淨值比評價 3 步驟

透過前面的分析，**可知使用股價淨值比判斷股價高低，須因公司屬性而異，採用「歷史股價淨值比倍數區間」更具參考價值**，同時須將成長力也一併考量進來。這邏輯與本益比評價法相似，以下是我的評價 3 步驟。

評價第一步：算出過去 5 年股價淨值比區間

評估價格區間的第一步，要找出受評價企業過去 5 年的股價淨值比區間。將過去5 年的股價淨值比分為 5 個區間，分別為低估、偏低、合理、偏高、高估，且處理上要除去極端值，避免特殊狀況影響，更要考

圖表 2-15 股價淨值比評價第一步

Step 1 個股過去1260天淨值比歷史區間

1) 時間要夠長，至少滿 5 年。

2) 與時俱進，每天滾動。

3) 除去極端值，避免預期過大。

淨值比= $\dfrac{每股股價}{每股淨值}$

高估淨值比= 過去1260天最高淨值比
偏高淨值比= 過去1260天(最高淨值比+中位數淨值比)÷2
合理淨值比= 過去1260天中位數淨值比
偏低淨值比= 過去1260天(最低淨值比+中位數淨值比)÷2
低估淨值比= 過去1260天最低淨值比

慮公司演化，與時俱進每日滾動（見圖表 2-15）。

時間夠長：上市櫃至少滿 5 年，市場估值才具參考價值。

與時俱進：考慮公司股價淨值比演進，採用 5 年為固定區間，每日往前滾動計算。

去除極端：過去時點如出現股價淨值比極端現象，要予以摒除。

評價第二步：算出價格區間

這個步驟將第一步驟的股價淨值比區間，與財報的最新每股淨值資料相乘，算出相對應的價格區間。邏輯推導如下：

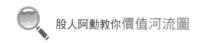

價格與淨值之間的相關性 = 股價淨值比 = 淨值比。

股價淨值比 = 每股價格 ÷ 每股淨值。

我們將公式倒過來，算出五個價格區間：

每股價格 = 每股淨值 × 股價淨值比

低估價 = 最新一季每股淨值 × 過去1260日最低股價淨值比

偏低價 = 最新一季每股淨值 × 過去1260日偏低股價淨值比

合理價 = 最新一季每股淨值 × 過去1260日合理股價淨值比

偏高價 = 最新一季每股淨值 × 過去1260日偏高股價淨值比

高估價 = 最新一季每股淨值 × 過去1260日最大股價淨值比

把股價淨值比公式倒過來，就可以用最新一季的每股淨值反推求得價格（見圖表2-16）。

評價第三步：考慮成長力，算出目標價

目標價 = 最新每股淨值 × 目標淨值比倍數。

在評價的第一步驟，我們已找出企業的股價淨值比區間。接著透過與本益比相同的邏輯，成長力越高的公司，要給予更高的目標股價淨值比倍數。因此這個步驟，要將成長考慮進來，這裡指的成長是「每股盈餘的成長力」，投資人可以採用機構預估的成長力，或者採用過去3～5年的複合成長力去評估。

前提須知：

機構預估成長率 =（機構預估未來12個月每股盈餘－近12個月每股盈餘）/ 近 12 個月每股盈餘。

股價淨值比評價第二步

Step 2　依照淨值比計算出 5 個價格區間

淨值與價格之間的相關性＝淨值比＝股價淨值比

股價淨值比＝每股價格÷ 每股淨值

將公式倒過來，就能算出 5 個價格

高估價＝最新一季每股淨值 × 高估淨值比
偏高價＝最新一季每股淨值 × 偏高淨值比
合理價＝最新一季每股淨值 × 合理淨值比
偏低價＝最新一季每股淨值 × 偏低淨值比
低估價＝最新一季每股淨值 × 低估淨值比

過去 N 年複合成長率＝（今年度每股盈餘 / N 年前每股盈餘）^（1 / N）－1。

建議的目標股價淨值比倍數表（見圖表 2-17）：

將成長力分為 4 個階層：衰退、穩定、成長、高成長。

衰退：機構預估成長率 ≤ －5％：給予低估股價淨值比倍數。

穩定：－5％ ＜ 機構預估成長率 ＜ 5％：給予偏低股價淨值比倍數。

成長：5％ ≤ 機構預估成長率 ＜ 15％：給予合理股價淨值比倍數。

高成長：機構預估成長率 ≥ 15％：給予偏高股價淨值比倍數。

圖表 2-17 股價淨值比評價第三步

公式 根據成長率 給予目標淨值比

目標價值= 每股淨值×目標淨值比

預估成長率	目標淨值比
預估成長率 ≤ -5%	低估淨值比
-5% < 預估成長率 < 5%	偏低淨值比
5% < 預估成長率 < 15%	合理淨值比
預估成長率 ≥ 15%	偏高淨值比

　　以東陽為例（見圖表 2-18）其機構預估成長力為 20%，根據目標淨值比倍數表，採用偏高淨值比作為其目標倍數，隨後乘上最新每股淨值，求得 66 元的參考目標價，與東陽當下 37 元的價格相差甚遠（評估日期為 2020 年 5 月 25 日），顯示其股價相當便宜，但便宜背後必有原因，東陽在因中國 OEM 事業體的衰退，使其獲利大幅下跌，才會使得股價變得如此便宜。關於成長力的預估，如果不相信機構預估，可自行參考產業平均成長。

股價淨值比評價法重點整理

1. 適用景氣循環股。
2. 無法採用本益比法評價時，可採用此法。
3. 不能用在不同公司的比較上。
4. 不適用絕對數值門檻（ ＞1、＜1）。

圖表 2-18　股價淨值比倍數區間計算範例

東陽 1319

最新每股淨值（2020Q1）＝ 37.33 元
法人預估盈餘成長力 ＝ 20%

東陽	低估	偏低	合理	偏高	高估
淨值比倍數區間	0.89	1.07	1.25	1.77	2.29

⬇　根據預估EPS與成長力，算出目標價

成長力	預估成長率	目標價
	小於 -5%	最新一季每股淨值 × 低估淨值比
	-5% ～ 5%	最新一季每股淨值 × 偏低淨值比
	5% ～ 15%	最新一季每股淨值 × 合理淨值比
20%	大於 15%	37.33 元 × 1.77 = 66 元

5. 市場經驗法與清算價值法，有諸多盲點存在。

6. 可以跟自己歷史區間比較。

7. 估價只是決策的一環，還要考慮成長力與產業前景。

8. 淨值不斷上升的企業，表示公司賺多賺少仍有賺，才可使用股價淨值比評價法。

9. 剛上市櫃的公司有蜜月期，不適合評價。

10. 產品轉型或獲利結構發生大改變的企業，不適合參考自身過去比值。

Chapter

3

阿勳獨門的「河流圖」，
幫你做價值投資

3-1

從基本面觀察，也可以用圖形迅速抓出買賣點

新手的視覺啟蒙

對於 1 歲的寶寶，拿一本滿是數字的書給他，通常那本書會被口水糟蹋，但如果拿彩繪本，寶寶會睜大眼睛瞪著彩繪本上的圖形摸索，這就是嬰兒成長時期重要的視覺啟蒙。透過注視對比強烈的彩色圖形，給予適度的視覺啟發，能提升幼兒探索周圍世界的好奇心，帶給幼兒穩定的安全感，這對日後的學習有很深遠的影響。

為什麼提到這個？透過觀察會發現，大多數股市新手都是以技術分析起家，這與寶寶探索世界的原理一樣，**「有圖看」會讓學習更加簡單快速**。技術分析賦予每個人看圖說故事的能耐，不需要繁瑣的專業知識，打開免費的看盤網站，就可以透過線圖走勢得出結論。

而相較於技術分析，一般基本面分析多數是表格篩選方式，本益比、股價淨值比、現金殖利率、股東權益報酬率等各式各樣的指標與財報數字，不僅欄位涵義不易懂，且複雜度高，新手看到總是避而遠之。

基本面的學習門檻

每年都有不盡其數的新手跳進股市淘金，標準步驟就是上網搜尋五花八門的資訊，然後自己亂拼湊方法，爾後滿懷理想與希望去開戶，興致勃勃的下單。新手的投資動機就是單純想要賺錢，而正**因為腦子只有**

賺錢這件事，特別容易被放大獲利的行銷文吸引，如果剛起步時又歪打正著賺到一些錢，更是災難的起頭。這樣的人容易被成功經驗迷惑，聽不進任何建言，在大賠之前，已經收不了手了。沒錯，上面說的就是我自己，但我並不孤單，股市有 99％ 的新手都是如此。

投資一陣子後，幸運的可能賠點小錢當學費，不幸的就是賠光本金，此時才驚覺股市的可怕與多變，也意識到「投資」與「生活」的平衡性。這時有些人可能因此決定改變策略穩穩投資，轉向學習安全性較高的基本面分析，沒想到打開財報一看就傻住，因為根本看不懂損益表和資產負債表，腦子發熱到想放棄投資，以下細數常見的狀況：

1. 一堆財務指標，不知哪個有用，乾脆全部都用。

不理解指標的背後含意，更不清楚財務指標對股價的解釋力，最後乾脆全部都用，胡亂交集到什麼都篩選不出來。

2. 觀念粗糙，完全用錯估價方式！

本益比小於 10 算便宜？淨值比大於 2 算貴？似是而非的粗略觀念，當然會得到不知所以然的答案。

3. 以為撿到便宜，結果買到便宜貨。

看到高殖利率、低本益比與低股價淨值比，就以為股價遭到低估，沒想到越買越低。

4. 缺乏信心，沒有視覺化圖形提供驗證。

評價方式百百種，每套都有自己的邏輯，一般人卻無法驗證有效性，缺乏視覺化圖形輔助，看不出過去合理買賣區間。

5. 認為基本面是落後資訊。

認為月營收早已公布，股價早早就反應了，因此將財報視為落後資訊，技術分析才能提供較高的準確性。然而事實上，這是長短期效益不分的認知問題。

不可否認，基本面要做到面面俱到，確實有學習障礙，但好在投資並不需要做到如此，只要成為特定領域的專家，就能簡單做好投資。

基本面的視覺啟蒙「價值河流圖」

雖然目前使用技術分析的投資人還是居多，但技術分析是否有效，一直存在很多爭議，反對者認為技術分析是「倒果為因的江湖騙術」，基本面才是企業股價上漲的主因；支持者則認為「技術分析涵蓋市場所有訊息，包括基本面、消息面、籌碼面、人類情緒等一切因素，技術圖表是世界上最簡單而美妙的圖形」，基本面不過是落後資訊。

這裡我們不是要爭論對錯，因為不論是在學術領域還是實務應用上，兩者皆已被證明其對股價的解釋力，只是差在長短期效果與基礎邏輯假設不同而已。我們要探討的是，技術面受到廣大推崇的原因，正是有張化繁為簡的圖形，反過來說，如果基本面也有一張專屬的圖形，是不是能大大提升研究的效率、降低學習的門檻？

「價值河流圖」就是用來解決以上問題。**河流圖是五個價格：低估價、偏低價、合理價、偏高價、高估價的歷史走勢圖，以下統稱為「區間價格」，可用來評估目前股價是昂貴或便宜。**這五個價格怎麼來的？我們利用第 2 章節提到的本益比評價法與股價淨值比評價法來計算。

低估價 = 近 12 個月每股盈餘（最新每股淨值）×過去五年最低本益比（過去五年最低淨值比）

偏低價 = 近 12 個月每股盈餘（最新每股淨值）×過去五年偏低本

益比（過去五年偏低淨值比）

　　合理價 = 近 12 個月每股盈餘（最新每股淨值）× 過去五年合理本
益比（過去五年合理淨值比）

　　偏高價 = 近 12 個月每股盈餘（最新每股淨值）× 過去五年偏高本
益比（過去五年偏高淨值比）

　　高估價 = 近 12 個月每股盈餘（最新每股淨值）× 過去五年最大本
益比（過去五年最大淨值比）

　　將以上五個價格每天的歷史走勢圖連起來，就是區間價格走勢圖，
而這五個價格線又可以將股價切成六個區塊，依序分為低估、偏低、合
理、偏高、高估、警示區間，最後形成的就是「價值河流圖」（見圖表
3-1）。

　　低估區間：股價 ≤ 低估價，顯示目前本益比（淨值比）創下了近年
新低。

　　偏低區間：低估價＜股價＜偏低價，顯示目前本益比（淨值比）位
於歷史的相對低點。

　　合理區間：偏低價＜股價＜合理價，顯示目前本益比（淨值比）位
於歷史的中間值下方一點。

　　偏高區間：合理價＜股價＜偏高價，顯示目前本益比（淨值比）位
於歷史的中間值上方一點。

　　高估區間：偏高價＜股價＜高估價，顯示目前本益比（淨值比）位
於歷史的相對高點。

　　警示區間：股價 ≥ 高估價，顯示目前本益比（淨值比）創下了近年
新高。

圖表 3-1 河流圖繪製三步驟

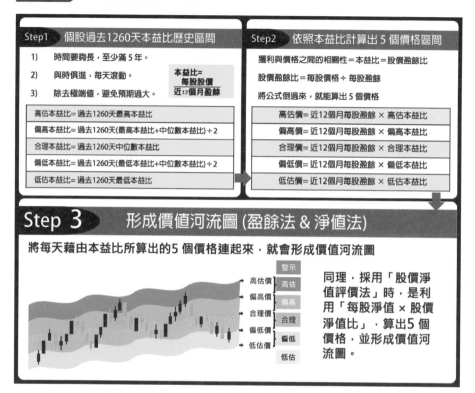

用圖看基本面

　　技術面圖形通常是透過「價格」與「成交量」的交互關係與前後型態，去預測市場未來的走勢。價值河流圖並不會試圖去預測價格未來走勢，而是真實反映從過去到當下的狀況與股性，**透過河流圖的「走勢」與「區間」，我們可以判斷一間公司目前基本面狀況與價格合理性。**

　　當價格位於「低估區間」時，可能表示公司遭遇某種特殊問題，導致股價下滑，否則正常企業不會那麼容易出現本益比（淨值比）創低的現象，此時要了解背後成因，判別事件對公司造成的長短期影響。相反地，當股價位於「警示區間」時，可能表示市場預期非常高，因此本益

比不斷在創新高，這支股票可能具有強烈題材性或者被過度炒作，要多加留意。光看河流圖的「價格區間」，我們雖然可以判斷當下價格的合理性，但仍舊無法了解基本面的走勢。如果公司獲利能力持續下滑，那麼價格再便宜可能都顯得昂貴，因此要搭配河流圖的「整體走勢」，交叉判斷目前公司的財報狀況。

　　舉本益比河流圖為例，前文已提到，本益比河流圖是「近 12 個月的累計每股盈餘」乘上「近 5 年本益比倍數區間」所得出的歷史走勢圖，其中「近 12 個月的累計每股盈餘」是透過「月營收」、「近四季歸屬母公司稅後淨利率」及「已實現季每股盈餘」三者所計算求出。由此可知，在過去 5 年本益比變動不大的情況下，左右河流圖走勢的最大因素是「近 12 個月的累計每股盈餘」，如果月營收、稅後淨利率等財報指標表現良好，河流圖就會向上，表示公司基本面持續上升，相反的，河流圖下滑，表示公司基本面持續惡化。

　　透過河流圖的「走勢」，能輕鬆判別公司基本面的變動狀況；根據目前價格所在的「區間」，能判斷公司的股價便宜或昂貴。兩者並用，就能一眼看出公司的初步投資價值，以下分析幾種河流圖型態所代表的背後含意（見圖表 3-2 至 3-5）。

　　近 12 個月累計每股盈餘↑＝已實現季每股盈餘↑＋月營收↑×近 4 季平均歸屬母公司稅後淨利率↑÷最新股數↓

　　河流圖走勢與近 12 個月累計每股盈餘→正相關

　　河流圖走勢與已實現季每股盈餘→正相關

　　河流圖走勢與月營收→正相關

　　河流圖走勢與近 4 季平均歸屬母公司稅後淨利率→正相關

　　河流圖走勢與最新股數→負相關

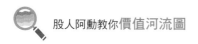

圖表 3-2　情況一、河流圖向上且價格落在偏低區間：基本面上升且價格
　　　　　便宜

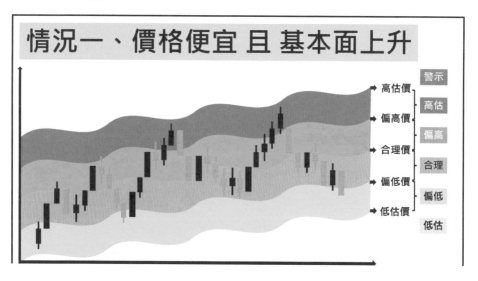

圖表 3-3　情況二、河流圖向上但價格落在高估區間：基本面上升但價格
　　　　　昂貴

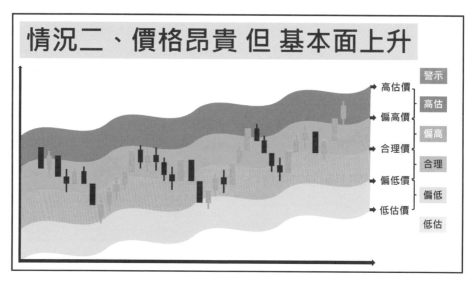

圖表 3-4　情況三、河流圖向下且價格落在偏低區間：基本面下滑但價格便宜

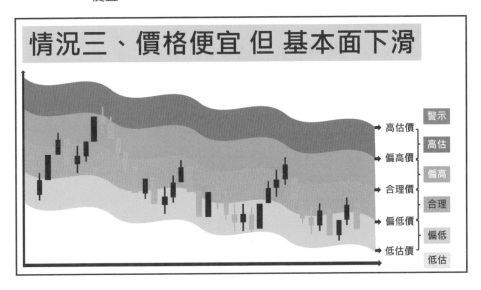

圖表 3-5　情況四、河流圖向下且價格落在警示區間：基本面下滑但價格非常昂貴

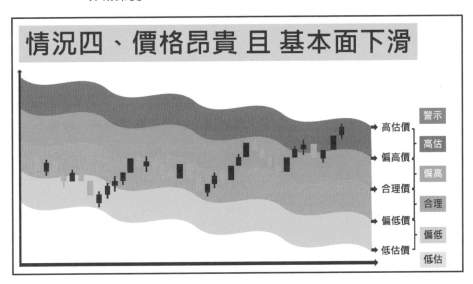

3-2

善用「價值河流圖」，能看出不同股票的個性

股票也有「個性」

在股市裡，不論是基本面、技術面，還是籌碼面的投資人，一定有一種感覺，為什麼有些股票特別「活潑」，有些股票卻如出家人般「淡定」，甚至還有的是忽冷忽熱的「古怪」脾氣，這種現象很難具體描述，無法給出明確的通則，因為這就是股票的「個性」。

股票又不是人，怎麼會有「個性」呢？確實股票本身沒有生命，但股票是企業股份的證券化憑證，而企業則是一群自然人的代表，包含負責人、發言人與董監事，這些人的行事風格，決定了這間企業的「個性」。交互作用的影響下，企業的個性又會吸引到不同的股東，股東就是股票的持有人，我們平時看到的股票價格變動，就是由這些股東一買一賣所造成。一間企業的股東裡可能有規規矩矩的投資人，也有汲汲營營的投機客，**在總體性格參與下，最終賦予這檔股票獨特的「股性」。**

不懂股性，可能會吃大虧

男女朋友分手原因百百種，但亙古不變的理由就是「個性不合」。人人個性都不一樣，不同個性之間也有相互適應的問題。投資也是如此，如果無法掌握股性，就別輕易買股，否則不僅浪費時間，還可能會賠上不少「分手費」。有經驗的投資者會發現，市場上的每檔股票都有

不同的特性，好比有些股票明明獲利下滑，但股價卻仍不動如山；有些卻只要一個風吹草動，價格就會暴漲暴跌。投資股票跟待人處事一樣，那些無法與自己相處的詭異「股性」，就是註定合不來，最簡單的方式就是避而遠之，不聞不買，就什麼事情都沒有。

用河流圖做「視覺驗證」，看出股性

市面上的評價法百百種，每套方法都有自己的主張，但準確性卻非常難以驗證。基本面不像技術面有直覺的圖形可看，只有財報與表格，且價格與財報並不會出現在同一個畫面上，即使投資人自行將它堆疊在一起，但價格每天都有，營收財報數字卻每月每季才公佈一次，公佈時間與會計結算時間也有落差，讓投資人難以比對先後關係。

常聽見有人說本益比 10 倍算便宜，20 倍就是昂貴。但這樣的評斷依據是個人經驗法則還是數據統計結果？如果真是如此，那為什麼有些股票價格昂貴卻一直漲，有些股票價格便宜卻一直跌呢？顯然這種評斷依據有些過於武斷，因為每檔股票股性不同，價格不一定要落到低估區間才算便宜，當然也不是高估區間就是昂貴。

透過價值河流圖的「視覺驗證」，我們可以一眼看出股價的合理區間。觀察股性可以得知，有些股票不需要等到低估區間才買，例如：大型績優股、電信股或熱門存股標的，只要跌到合理、觀望區間就可說是相當便宜。為什麼呢？因為這種股票的持有人，除非出現重大獲利結構的改變或衰退，否則不會輕易拋售持股，因此股價都會在合理價之上。

示範案例：台積電（2330）

半導體產業的台積電是全球晶圓代工龍頭，市占率高達 48％，股東權益報酬率皆維持在 20％ 上下，是台灣最具代表性的大型績優股，外資持股更高達 78％。由此可知，台積電的股東都是機構投資人居多，外資會做足基本面研究，看得也比較遠，交易頻率不會像散戶那麼高，頂多

圖表3-6　台積電2009～2019本益比河流圖

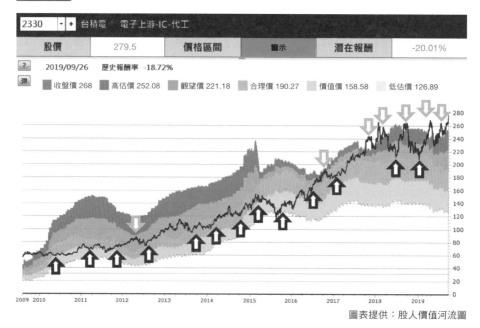

| 2330 | ▼ ◆ 台積電　電子上游-IC-代工 | | | | |

| 股價 | 279.5 | 價格區間 | 警示 | 潛在報酬 | -20.01% |

2019/09/26　歷史報酬率 -18.72%

■收盤價 268　■高估價 252.08　■觀望價 221.18　■合理價 190.27　■價值價 158.58　■低估價 126.89

圖表提供：股人價值河流圖

調整部位高低，不會全額進出，股性非常穩固。

　　根據台積電的本益比河流圖（見圖表 3-6），價格只要碰到合理區間，就會止跌上漲；碰到高估區間），上漲空間就偏小；觸及警示區間（河流圖上界）時，股價下跌機率便非常高（後續章節會提到高成長例外），**因此台積電只要在合理區間之下都算相當便宜的價格，警示區間就相對危險。藉由河流圖的視覺驗證，能清楚抓出市場對於台積電的合理估值區間。**

示範案例：台新金（**2887**）

　　金融股是許多投資人的存股首選，因為獲利狀況穩定，且股利政策優渥，產業變動小，其中又以銀行為主體的金控股最受歡迎，台新金就是其中之一。台新金最具代表性的商品莫過於 Richart 卡，數位帳戶市占

圖表 3-7　台新金2014～2019股價淨值比河流圖

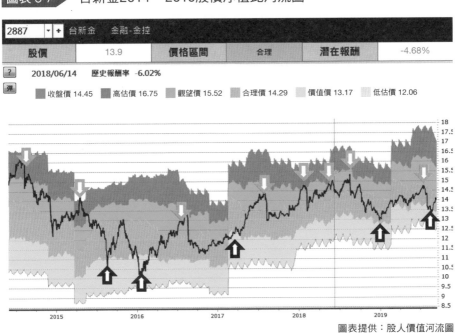

圖表提供：股人價值河流圖

率高達40～50％，為全台第一，信用卡業務也名列台灣前 5 名，是以消費金融為主的銀行股，股東也多為長期投資人居多。

　　根據台新金控的股價淨值比河流圖（見圖表 3-7），價格只要靠近價值區間，就會相對抗跌易漲，上漲空間較大；價格位於合理區間，仍算適合進場，但上漲幅度較小；價格接近觀望區間，就非常容易下跌。**因此台新金只要在合理區間之下都算便宜，可以持續在此區間買入，放大存股效益，但高估區間就非常危險，要避免在此時買股**，這就是台新金的「股性」。

示範案例：中華電（2412）

　　中華電信是台灣的電信一哥，由交通部電信總局營運部門改制成立，主要業務涵蓋固網通信、行動通信，以及數據通信三大領域，是國

圖表 3-8　中華電2009～2019本益比河流圖

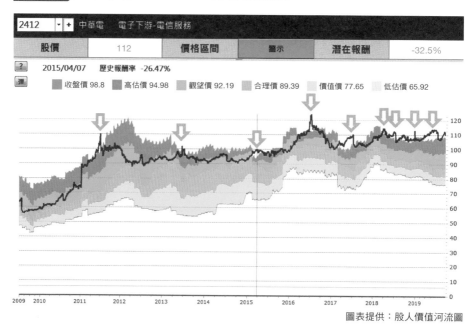

2412	▼ + 中華電	電子下游-電信服務

| 股價 | 112 | 價格區間 | 警示 | 潛在報酬 | -32.5% |

2015/04/07　歷史報酬率 -26.47%

收盤價 98.8　高估價 94.98　觀望價 92.19　合理價 89.39　價值價 77.65　低估價 65.92

圖表提供：股人價值河流圖

內電信業的龍頭，在行動通信、固網語音、網際網路市占率均居第一。從股東成份來看，董監事與相關人持股高達 35%，外資也有 17% 持股，將近一半的股份都掌握在內部人與機構身上。除此之外，中華電信是一間不受景氣循環影響的企業，因為就算沒飯吃，一般人還是要上網和打電話。股利政策也相當優渥，連續 19 年發放現金股利，且現金殖利率平均都有 4%～5%。以上這些特性使它成為存股的指標性公司，換句話說，股東非常不容易賣股，股價要落入偏低區間非常困難。

　　根據中華電信的本益比河流圖（見圖表 3-8），價格不超出警示區間（河流圖上界），就不容易下跌；價格低於高估區間時普遍相當抗跌。**因此中華電信只要在警示區間之下都算便宜，可以持續在此區間買入，是一檔相當容易判斷股性的存股標的。**

股性會隨著時間改變

　　股性並非永遠不變，會因為公司經營轉型、新市場或新技術應用，改變原先的特性，也有一些公司因技術跟不上市場需求，最終遭到淘汰。針對這種狀況，河流圖走勢與寬度會產生變化，使得估值不會在一個區間內來回，投資人也難以看出股性。這樣的情況較常發生在高度成長股與沒落衰退股上，**因此在使用河流圖時，除了藉由視覺驗證判斷買賣區間以外，還要配合河流圖的「走勢」與「寬度」一併分析，特別是針對看不出股性的股票，了解其背後成因更加重要**，否則就是簡單一點，不懂不要買。以下就常見的兩種情況個別舉例：

高度成長股：寶雅（5904）

　　寶雅為美妝零售通路業的直營門市，主力販售商品為民生消費必需品，賣場的售價相對低於百貨公司，也不受景氣影響，目前全台有 200 多間門市，2026年目標是全台擴展至 400 間。台灣幾乎 9 成的人都至少逛過一次寶雅，產品包羅萬象，消費客層主力為 15～49 歲年輕女性，商品均價介於 70～80 元。根據以上分析，這是一家擁有中度護城河的公司，最大的優勢在於明確的市場定位與超高市占率，以租代購的展店方式，有效以低成本優勢快速進入地區市場，擴大其產值。近年來專注於自身品牌與高毛利產品，獲利能力進一步升高，是過去 10 年最具代表性的成長股，股價從 30 元漲到 450 元，含股息有將近 14 倍的報酬。

　　根據寶雅的本益比河流圖（見圖表 3-9），在過去 7 年盈餘複合成長率高達 27%，店數呈倍數成長，享有非常高的市場預期，因此價格都位於觀望的偏高區間之上，從未落入偏低區間，但沒有期待沒有傷害，通常這類成長股只要成長不如預期或遭遇一些小亂流，就會出現恐慌性賣壓，使得股價遭到嚴重低估。2016 年寶雅遇到政治風險，使得人力成本上升，股價一度暴跌腰斬，而此時就是價值投資的戰場，也再度顯出安全邊際的重要性。

圖表3-9　寶雅2009～2019本益比河流圖

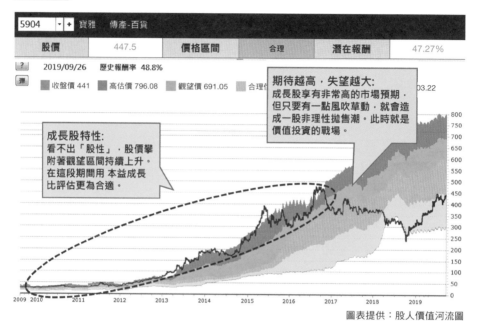

圖表提供：股人價值河流圖

沒落衰退股：中環（2323）

中環是一家光碟製造商，從事磁碟片、光碟片的生產。但隨著 USB 高速隨身碟與雲端儲存日漸發達，光碟機漸漸遭到淘汰，賣光碟的商場越來越少，連藍光和DVD影片光碟出租等相關產業也被網路上大量即時和免費的資源取代，導致光碟讀取、軟體安裝和檔案燒錄的需求不斷下滑。由於以上這些原因，使得中環歷經逾 10 年的慘澹經營。

2018 年起，因為大數據與高速運算的快速發展，市場有了更大量的資料儲存需求，使得儲存成本相對便宜且容易保存的光碟再次受到注目，全球興起「冷儲存」熱潮。不常被讀取的資料，使用歸檔型光碟（Archival Disc，AD）儲存，保存時間可長達 100 年。市場需求攀升讓中環結束逾 10 年虧損，由虧轉盈。

根據中環的股價淨值比河流圖（見圖表 3-10），我們完全看不出股

圖表 3-10　中環2009～2019股價淨值比河流圖

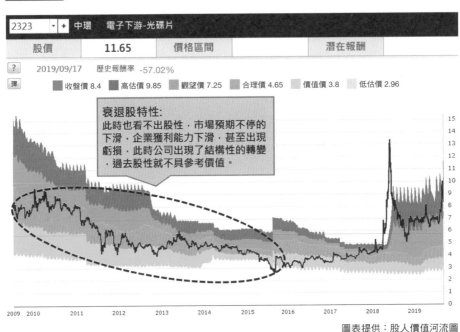

圖表提供：股人價值河流圖

性，而且河流圖走勢起伏大，寬度忽胖忽瘦（原因會在後續章節詳述），面對這種股性變化劇烈的股票，其實投資方式相當簡單，就是「不懂不要買」，這是最輕鬆的方式。市場還有 1700 多檔股票，將專注力放到更看得懂的股票上，投資會更加愜意，何必去追這類型股票呢？**此時河流圖的視覺驗證可以當作第一層防禦機制**，幫助我們一眼看出一檔股票的不穩定性。知道什麼不能買，比知道買什麼更重要。

不懂不要買，投資超簡單

　　一種米養百種人，但有些人就是不吃米。如果有些股票既不是成長股，也不是沒落股，更看不出股性來，就表示這些股票並不適用本益比或股價淨值比的評價方式。簡單的說，透過河流圖的視覺回測，可以輕

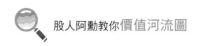

鬆驗證評價法在個別股票上的「有效性」，但影響股價的因素百百種，比如研發新藥的生技股與深受政策影響的營建股，股價反應的不是獲利能力，反倒是夢想與政治風向。針對這種類型的股票，你可以選擇花更多時間研究，並且時刻關注政經動向；也可以選擇直接放棄，不要跟股票過不去。妄想抓到每一檔會上漲的股票，會讓投資變得無比困難。

3-3

公司獲利是成長還是虧損？
透過 9 種圖形一目了然！

企業要能獲利，才對得起股東

如果有位老闆要跟你募資，表示：「我對管理非常有一套，研發團隊擁有市場上最好的技術，且具有優良的企業文化，養了一批高學歷的人才，旗下員工也非常努力，只是公司不賺錢。要入股投資嗎？」聽到這邊不曉得一般人怎麼想，但我感覺整段話都是廢話。

影響股價的因素百百種，但長期來說，獲利才是主導企業股價的主要因素。其實這不難理解，企業是營利事業，極大化股東權益是公司治理的終極目標，獲利是公司經營者與投資人的共同信念。投資人是為了賺錢才選擇當股東，當企業不能夠賺錢時，哪有盈餘可以分紅給股東？賺不到錢的股東，又怎麼會選擇留下呢？

無論是技術面、籌碼面或是消息面，其實最根本因素仍舊是企業獲利，講到這邊肯定一堆人要跳腳了，但不要著急，仔細想想，你是否常常聽到類似以下的說法呢？

技術面投資人：「鴻海（2317）因終端市場消費疲弱，近日 K 線形成一個極大的頭尖頂空方型態，如跌破近期的三角收斂型態下方支撐以及頸線位置時，將不利後續股價的走勢。」

反思：終端市場消費疲弱，不就是因為擔心獲利下滑嗎？於是投資

人紛紛拋售，股價進而下跌。

籌碼面投資人：「過去一個月某某券商主力偷偷買進鴻海 5000 張，且期間美系外資也連續買超 5 日，顯示市場普遍看好鴻海（2317）未來營運，第三季股價可能迎來大爆發。」

反思：主力與外資是市場最大的參與者，投資人跟他們的單，那他們跟誰的單？聘僱那麼多研究員，不就是要研究企業未來的獲利能力？

消息面投資人：「受到中美貿易戰影響，客戶提前對主力產品下單，拉抬鴻海（2317）7 月營收創下新高，且 8、9 月訂單能見度仍維持不錯水準，預期第三季營運可望優於第二季。」

反思：企業接到更多產品訂單，營收創新高，不正是預期企業會賺更多錢嗎？

姑且不論各學派的領先落後關係，畢竟這個討論範圍太廣泛，除了得考慮方法與市場，還要依照短中長期有效性分開探討，並不是本章節想要研究的議題。這裡想要表達的是，不論哪個學派，追本溯源探究的都是企業的獲利能力，或許有些人能透過短線交易來賺取情緒財，但沒有人敢長期投資一檔不賺錢的股票，這是鐵錚錚的事實。

透過河流圖，看出 9 種基本面狀況

一間公司能不能長久經營下去，**賺錢的能力非常重要**，而一段時間內公司賺了多少錢，看損益表才能知道，損益表是一張衡量企業獲利能力的重要報表。不過報表要怎麼看？一頁一頁去翻，逐一檢查營收、成本、費用與獲利的變化，聽起來非常費神對吧？其實還有更有效率的方法。回顧 3-1 小節的內容，本益比河流圖是「近 12 個月的累計每股盈餘」乘上「近 1260 日本益比倍數區間」所得出來的歷史區間走勢圖，其

中「近 12 個月的累計每股盈餘」是透過「月營收」、「近四季歸屬母公司稅後淨利率」、「已實現季每股盈餘」與「股數」四者所計算求出。由此可知，藉由河流圖的走勢，可以即時檢視企業基本面狀況，包括：

1. 營收年增率變化

2. 歸屬母公司稅後淨利率變化

3. 盈餘年增率變化

4. 一次性獲利（虧損）

5. 盈餘不穩定

6. 公司虧損

7. 市場預期變動

以上幾點都能透過河流圖看出，若有出現重大異狀，再翻損益表查詢，將大大節省整理比對的時間，提升研究效率（見圖表 3-11）。

以下取本益比河流圖為例，簡單說明企業基本面變化可能會如何反映在河流圖上：

月營收年增：河流圖上升

月營收年減：河流圖下滑

已實現季每股盈餘年增：河流圖上升

已實現季每股盈餘年減：河流圖下滑

近 4 季平均歸屬母公司稅後淨利率上升：河流圖上升

近 4 季平均歸屬母公司稅後淨利率下滑：河流圖下滑

最新股數增加（增資）：河流圖下滑

最新股數減少（減資）：河流圖上升

本益比創近 5 年新高：河流圖上界上升

本益比創近 5 年新低：河流圖下界下滑

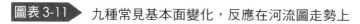

圖表 3-11　九種常見基本面變化，反應在河流圖走勢上

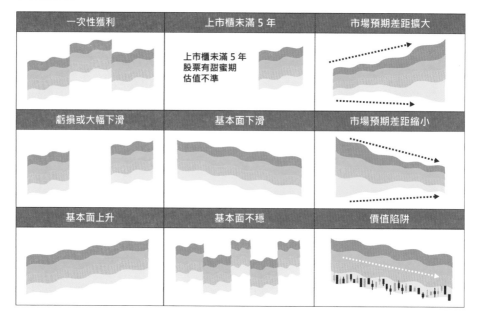

以下就 9 種常見的基本面變化，查看其河流圖走勢長相：

一次性獲利（損失），會造成假性低估（高估）

　　如果河流圖出現暴漲，通常表示有一次性的業外收益，可能是處份資產帶來的單季收入。舉例來說，從事食品事業的統一（1216），2018年 3 月底時河流圖出現截斷式上升，是因為 2017 年底時處份中國星巴克股權所獲得的收入，此時會出現低估假象。但此時市場價格並沒有反映，由此可見，如果只單看一個時間點的估值，容易忽略一次性獲利的影響，被股價的假性低估給騙了。

　　反之亦然，如果企業有一次性損失，河流圖會出現截斷式下滑現象，很容易看出端倪。舉例來說，電腦品牌大廠華碩（2357），因品牌手機 ZenFone 遭遇中國品牌強力競爭，導致銷售不如預期。2019 年 3 月底時，河流圖出現截斷式下滑，是因為 2018 年底時，一次性提列手機業

務損失逾 62 億元，此時會出現高估假象（見圖表 3-12、3-13），但市場價格並沒有反應太多（見圖表 3-14、3-15）。以上這兩個案例告訴我們，**一次性的虧損與獲利，其實對股價沒什麼解釋力，獲利的趨勢持續性才是關注重點。**

虧損的企業，河流會乾旱斷流

河流圖出現斷層，表示企業可能業績大幅下滑，導致過去 12 個月的盈餘出現虧損，由於河流圖是「近 12 個月的累計每股盈餘」乘上「近 5 年本益比倍數區間」所算出來的價格，因此如果「近 12 個月的累計每股盈餘」是負數（表示虧損），則河流圖的數值就會出現負值，但價格不可能為負值，因此河流圖將出現空白斷層。

舉電子連接器大廠正崴（2392）為例，該企業因客戶訂單下滑、人力成本增加及匯損等因素影響，在 2018 上半年出現虧損，因此河流圖在 2018～2019 年間出現斷流（見圖表 3-16、3-17）。

盈餘不穩定，河流圖忽上忽下

如果河流圖長得非常醜，忽高忽低，表示企業可能受強烈淡旺季影響，導致盈餘表現忽高忽低，這種圖表有可能出現在受供需強烈影響的景氣循環股。此時除了可以一眼看出公司盈餘的穩定性外，也能了解此評價法可能不適合評價這種類型的股票。

舉服飾代理百貨業的滿心（2916）為例，主要代理國外知名品牌服飾、配件，並於百貨公司專櫃及服飾專賣店銷售，公司營運可看出強烈的淡旺季之分，旺季是第四季與第一季，淡季是第二季與第三季，有時還會出現淡季虧損的情況，因此河流圖就會忽上忽下（見圖表 3-18、3-19）。

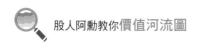

圖表 3-12 統一2016～2019本益比河流圖

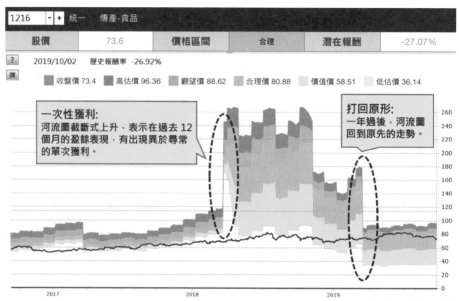

圖表提供：股人價值河流圖

圖表 3-13 統一2017～2019財報資料

年季	2018Q4	2018Q3	2018Q2	2018Q1	2017Q4	2017Q3
營業收入淨額	101,187	115,613	110,358	104,288	94,824	108,819
營業成本	68,522	76,184	72,595	68,859	64,859	71,392
營業毛利	32,665	39,428	37,762	35,429	29,965	37,427
營業費用	28,132	31,822	29,929	28,○○○	○○○	29,881
營業利益	4,533	7,606	7,834	7,○○○	○○○	7,547
營業外收入	2,009	2,534	4,740	2,187	48,159	2,937
營業外支出	727	941	806	674	1,255	787
稅前純益	5,815	9,200	11,768	8,526	49,790	9,696
稅後純益	4,315	7,449	8,649	6,531	37,517	8,508
每股盈餘（元）	0.46	0.89	0.97	0.75	4.39	1.01

（表中標註：**2017Q4 業外收入激增為 480 億元**）

圖表 3-14 華碩2016～2019本益比河流圖

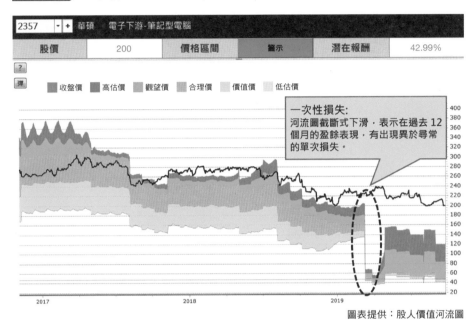

圖表提供：股人價值河流圖

圖表 3-15 華碩2017～2019財報資料

年季	2018Q4	2018Q3	2018Q2	2018Q1	2017Q4	2017Q3
營業收入淨額	62,075	102,683	81,313	92,618	66,408	114,471
營業成本	49,843	89,404	69,506	77,502	55,099	97,715
營業毛利	12,232	13,278	11,807	15,116	11,309	16,756
營業費用	4,032	11,172	7,728	8,521	3,005	13,705
營業利益	8,200	2,107	4,080	6,596	8,305	3,051
營業外收入	2,106	3,205	-1,335	2,919	1,599	5,039
營業外支出	-140			2,866	933	696
稅前純益	10,447			6,648	8,972	7,393
稅後純益	-2,617			2,634	4,203	6,014
每股盈餘（元）	-3.80	4.50	1.80	3.20	5.45	7.86

2018Q4 提列手機部分損失 62 億元

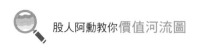

圖表3-16 正崴2014～2019本益比河流圖

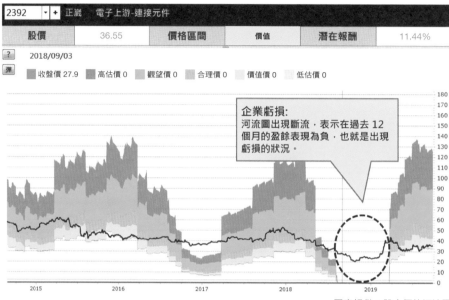

企業虧損：
河流圖出現斷流，表示在過去12
個月的盈餘表現為負，也就是出現
虧損的狀況。

圖表提供：股人價值河流圖

圖表3-17 正崴2017～2019財報資料

年季	2018Q4	2018Q3	2018Q2	2018Q1	2017Q4	2017Q3
營業收入淨額	25,462	22,701	20,775	18,974	29,381	27,399
營業成本	22,865	20,212	19,588	17,585	**2018Q1-Q2** 受到同業競爭與人力成本上升問題，連兩個季度出現虧損。	
營業毛利	2,597	2,489	1,186	1,389		
營業費用	1,837	1,899	1,769	2,029		
營業利益	760	589	-582	-640	288	541
營業外收入	598	356	320	210	1,412	248
營業外支出	349	110	136	132	1,735	84
稅前純益	1,009	835	-398	-562	-35	705
稅後純益	832	664	-431	-521	-590	598
每股盈餘（元）	1.76	1.25	**-0.82**	**-0.99**	0.45	1.23

圖表 3-18　滿心2015～2019本益比河流圖

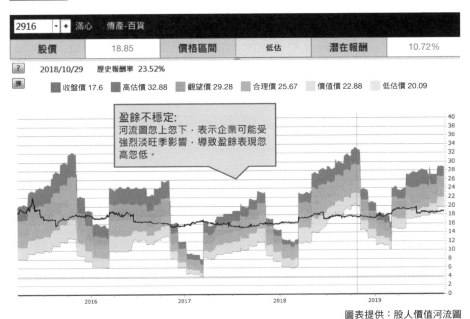

圖表提供：股人價值河流圖

圖表 3-19　滿心2017～2019財報資料

年季	2019Q2	2019Q1	2018Q4	2018Q3	2018Q2	2018Q1	2017Q4	2017Q3
營業收入淨額	322	346	441	236	298	333	431	239
營業成本	167			124	155	177	215	120
營業毛利	155			112	144	156	216	119
營業費用	138	146	155	118	126	132	155	123
營業利益	17	8	59	-6	18	24	61	-4
營業外收入	1	30	2	-1	-1	9	1	4
營業外支出	0	2	0	1	0	1	1	1
稅前純益	18	36	61	-7	17	32	61	-1
稅後純益	14	29	49	-6	13	27	51	-1
每股盈餘（元）	0.26	0.53	0.91	-0.10	0.24	0.49	0.94	-0.02

服飾百貨業傳統淡季 2-3 季

127

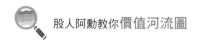

持續成長（衰退）的公司，河流圖會往上（往下）

過去 1260 日本益比區間雖然會每天滾動，但如果不是出現什麼重大轉變或題材，變動幅度不會太大，因此左右河流圖走勢的最大因素就是「近12個月的累計每股盈餘」（見圖表 3-20）。如果月營收、稅後淨利率等財報指標表現良好，河流圖便會向上，也就表示公司基本面持續上升；相反若河流圖不斷下滑，則表示公司基本面持續惡化。透過河流圖的「走勢」，能輕鬆判別公司基本面的變動狀況。

圖表 3-20 本益比河流圖可反應公司基本面與市場預期

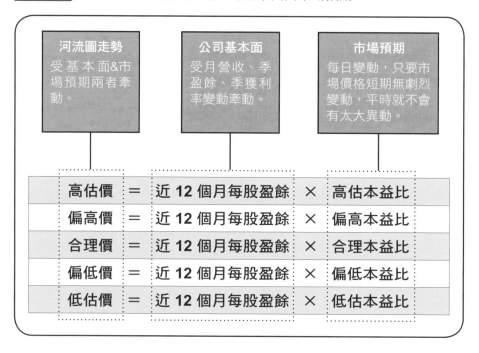

舉個人家庭日用品廠商花仙子（1730）為例，旗下品牌包括去味大師、克潮靈、驅塵氏、康寧餐具等，其中芳香劑、除溼盒與拖把為台灣市占第一，2014～2018 年盈餘複合成長率高達 12%，業績表現強勁，於

是讓河流圖不斷往上（見圖表 3-21）。

舉另一個相反例子。著名的連鎖咖啡廳品牌 85 度 C 的母公司美食-KY（2723），2018 年起受到政治因素與大陸市場競爭加劇等影響，關掉 20～30 間門市，盈餘大幅下滑，而河流圖也跟著下滑（見圖表 3-22）。

新婚蜜月落差理論，上市櫃未滿 5 年不評價

河流圖是「近 12 個月的累計每股盈餘」乘上「近 5 年本益比倍數區間」所算出來的價格，如果上市櫃未滿 5 年，將無法計算近 5 年本益比倍數區間，因此也就算不出河流圖的價格，導致河流圖呈現空白。但為什麼要以 5 年為限呢？

這是因為剛上市櫃的股票通常都有蜜月期，市場預期高到誇張，公司在這個階段又特別燒錢，往往投入許多資金擴廠或拓展業務。不過一旦預期落空，股價就會迅速腰斬。好比新婚夫妻，蜜月度假、節日慶祝與買房買車，每件事情都要錢，但現實總是殘酷的，蜜月期結束才是真正的考驗。股票也一樣，**剛上市櫃的股票通常市場估值都不穩定，此時參考過去就沒有價值，評價也不具意義。**

簡單做個結論：

1. 沒有期待沒有傷害，老實比浮誇好。

2. 先通過 5 年考驗，老夫老妻，生活比較安定。

舉餐飲連鎖品牌瓦城（2729）為例，上市時間是 2012 年 9 月，因此河流圖在 2017 年底時才出現，由此可知，我們也可以透過河流圖觀察公司上市櫃時間長短（見圖表 3-23）。

圖表 3-21 ▶ 花仙子2015～2019本益比河流圖

1730 ▾ ✚	花仙子	傳產-化學工業			
股價	73.2	價格區間	合理	潛在報酬	-15.61

? 2019/08/07 歷史報酬率 -55.05%

彈 ■ 收盤價 84.9 ■ 高估價 111.22 ■ 觀望價 100.85 ■ 合理價 90.48 ■ 價值價 68.67 ■ 低估價 46.87

盈餘穩定上升：
河流圖上升的趨勢與幅度，可反映公司的盈餘穩定性與盈餘成長強度。

圖表提供：股人價值河流圖

圖表 3-22 ▶ 美食-KY 2016～2019本益比河流圖

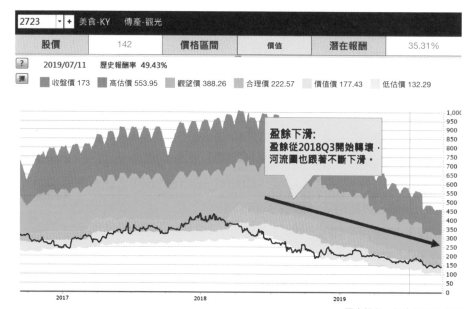

2723 ▾ ✚	美食-KY	傳產-觀光			
股價	142	價格區間	價值	潛在報酬	35.31%

? 2019/07/11 歷史報酬率 49.43%

彈 ■ 收盤價 173 ■ 高估價 553.95 ■ 觀望價 388.26 ■ 合理價 222.57 ■ 價值價 177.43 ■ 低估價 132.29

盈餘下滑：
盈餘從2018Q3開始轉壞，河流圖也跟著不斷下滑。

圖表提供：股人價值河流圖

圖表 3-23　　瓦城2017〜2019本益比河流圖

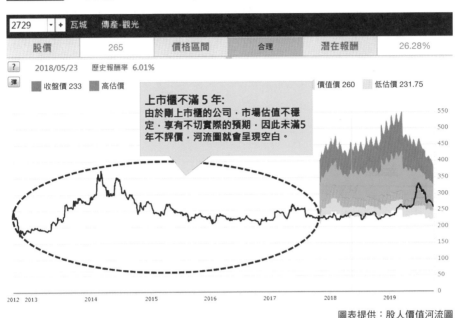

圖表提供：股人價值河流圖

由河流圖寬窄，看出市場預期差異

　　河流圖是「近 12 個月的累計每股盈餘」乘上「近 5 年本益比倍數區間」所算出來的價格，其中近 5 年本益比倍數區間，是根據企業過去 5 年的本益比倍數（最低、偏低、合理、偏高、最高）所得出，因此當一間企業在過去 5 年本益比忽高忽低，本益比河流圖的上下界落差就會相當大。在前面章節有提到，本益比表彰的是市場預期，因此也能解釋為「**市場對這間公司的預期落差非常大**」。另外因為每天都有新的股價產生，因此近 5 年（1260 個開盤日）本益比區間每天都會變動，當本益比在近期創新高或新低時，河流圖的上界或下界就會進一步擴大。

　　假設現在有 A 與 B 兩間公司，A 公司在過去5年的本益比區間為 12〜20；B 公司在過去 5 年的本益比區間為 10〜30，B 公司的本益比倍數落差較大，也表示 B 公司的市場預期在過去 5 年變動極大。但假設A

公司在近期因為受益於特定題材需求，盈餘激增，市場價格也飆漲翻倍，這時A公司的本益比就會不斷創新高，本益比區間上界也會上升，例如由原先的 12～20 激升至 12～30 ，此時河流圖的上界便會跟著上升。

舉半導體通路商華立（3010）為例，這家企業過去 5 年的每股盈餘表現都非常穩定，本益比區間從 2014 年的 5～18 倍，縮小至 8～12 倍，本益比波動越來越小，因此河流圖寬度就顯得越來越窄（見圖表 3-24），也表示市場對華立的估值看法越趨一致。這種現象通常發生在冷門股上，盈餘穩定，且市場關注度不高，比較沒有議題可以炒作。

相反地，如果是熱門題材股，盈餘可能瞬間激增又突然下滑，股價也跟著衝上衝下。本益比不斷創高又創低，倍數區間變動劇烈，此時河流圖就會越來越寬，也表示市場估值落差越來越大。舉被動元件大廠國

圖表3-24 ▶ 華立2013～2019本益比河流圖

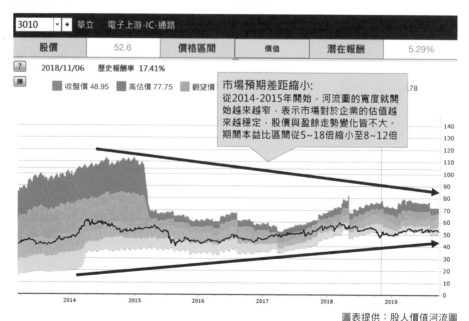

市場預期差距縮小：
從2014-2015年開始，河流圖的寬度就開始越來越窄，表示市場對於企業的估值越來越穩定，股價與盈餘走勢變化皆不大。
期間本益比區間從5～18倍縮小至8～12倍

圖表提供：股人價值河流圖

圖表 3-25 國巨2017～2019本益比河流圖

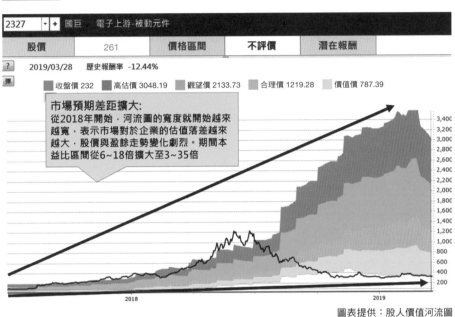

圖表提供：股人價值河流圖

巨（2327）為例，因為被動元件題材火熱，盈餘突然爆增，但激情過後，盈餘又打回原形，使得價格上沖下洗，本益比變動幅度劇烈，區間從 2017 年的 6～18 倍放大至 3～35 倍（見圖表 3-25）。我們可以由河流圖的寬窄來看出市場對於企業的預期變化，冷門股河流圖會越來越窄，熱門題材股河流圖則會越來越寬。

3-4

小心！出現這 2 種訊號，極可能是越買越虧的陷阱

誤認便宜貨為價值股

在價值投資中最害怕遇見的狀況，就是買到便宜的股票，股價卻還是不停下跌，此時要持續加碼攤平成本？還是不動聲色堅守下去，相信股價一定會回來？小心誤入價值陷阱，賠了錢又賠了時間。

舉一個生活上的例子，肉燥飯（魯肉飯）是台灣的國民美食，一碗肉燥飯的平均售價大概是 25～40 元不等，貴一點的連鎖品牌會賣到 60 元，但合理的價格大概就在這個區間，若是再貴一些，我們就會覺得不太划算，於是改吃別間；售價如果為 20 元，就會覺得物超所值。在每個人心中都有一把衡量事物的尺，這把尺左右著我們的決策，也是判斷合理性的重要依據，超出範圍太多，不論是高太多還是低太多，都需要保持警覺性。

假如有一碗肉燥飯賣到 5 元，你會毫不猶豫地吃下肚嗎？此時一定會產生疑惑。當價格低到嚇人時，我們會思考背後的成因，是生意太差，肉燥保存期限快到了？還是原料可能有問題，使用劣質豬油或病死豬肉？反之如果有一碗肉燥飯賣到 100 元，你也會思考是不是店家裝潢或採用的原料成本較高。由此可知，**當價格超出合理範圍太多時，不論昂貴與便宜都要去了解背後成因，尤其是當價格便宜到不可思議時，要小心會不會買到了便宜，卻賠上了健康。**

價值陷阱，投資者的最大難題

　　追求購買「便宜」的股票是許多價值型投資人常犯的錯誤，特別是對價值投資掌握度還不足的投資人，總會被便宜的價格所吸引，以至於忽略便宜背後的代價，沒注意到企業價值正在衰退，例如：夕陽產業、技術落後、供過於求或護城河太窄等，這些因素都會使得企業競爭力無法延續，股價不停下跌，在不明就裡的人眼中，就成了「便宜」的股票。

　　為何會誤入「價值陷阱」？**在價值投資中，會吸引投資人的企業，通常股價相較於盈餘、股利與淨值等指標，看起來都非常「便宜」**，例如：本益比可能僅有 10 倍 、殖利率高達 7％ 或股價淨值比低於 0.5 倍等，但這都是「當下」的狀況，如果不考慮過去，也不思索未來，可能會讓投資人賠了錢，還不知所以然。

　　特別是葛拉漢一派的古典價值投資信仰者，他們相信即使公司被清算，只要資產的清算價值仍高於價格，就能拿回比投入成本更高的金額，立於不敗之地。但這個想法非常危險，因為清算的時間相當冗長，失去競爭力的企業，獲利能力會持續下降，資產價值也會跟著下滑，甚至低於當初投入的價格，最後讓投資人不僅賠了時間又賠了金錢。實務上，沒人會為了獲取清算價值，而投資有破產危機的公司，投資人還是希望股價能漲回來。追根究柢，如果未來獲利無法持續推升，股價是永遠回不來的。

　　簡單來說，價值陷阱的定義如下：不具前景的公司，盈餘與淨值會不停下滑，但市場通常反映得更加劇烈，股價跌幅會多於內在價值下滑的幅度，讓人誤以為目前價格被低估，安全邊際（潛在報酬）越擴越大。但隨著時間過去，盈餘與淨值卻還是不斷惡化，讓股價越探越低，本益比與股價淨值比也跟著不斷下滑，此時投資人會誤認為企業仍舊很便宜，於是一路往下越買越低，但股價一去不回，導致虧了時間和金錢，這就是標準的價值陷阱（見圖表 3-26）。

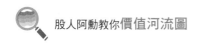

一眼判別價值陷阱

遭到低估的潛力價值股，不等於獲利衰退的地雷便宜貨。因此**價值投資的第一課，應該要學會如何判斷「價值陷阱」，才不會買到便宜卻被套牢。**如何區別價值陷阱？這才是最困難的課題，但也並非無跡可尋。90 %的價值陷阱，都是由以下原因造成，且會出現幾點共同特徵，這些特徵可以透過價值河流圖來做初步的視覺辨識。

造成價值陷阱的多數原因：

1. 基本面不停惡化（競爭力下滑、產業沒落、供過於求）。

2. 股價下跌速度比基本面惡化速度快。

3. 股價淨值比與股價盈餘比不停創低。

當河流圖出現以下兩個特徵時，就是典型的價值陷阱：

1. 基本面惡化，價值河流圖整體趨勢往下。

2. 指標不停創低，股價貼著河流圖的下界下滑。

價值陷阱特徵1：基本面惡化，價值河流圖往下

為什麼基本面（盈餘或淨值）不停下滑時，價值河流圖會往下？我們先回顧河流圖的評價公式，舉本益比河流圖為例：

低估價 ＝ 近 12 個月每股盈餘 × 過去 1260 日最低本益比

偏低價 ＝ 近 12 個月每股盈餘 × 過去 1260 日偏低本益比

合理價 ＝ 近 12 個月每股盈餘 × 過去 1260 日合理本益比

偏高價 ＝ 近 12 個月每股盈餘 × 過去 1260 日偏高本益比

高估價 ＝ 近 12 個月每股盈餘 × 過去 1260 日最高本益比

5 個價格可區分 6 個區間，而這歷史區間的變化就是價值河流圖的

走勢。假設今天有一間上市櫃公司，專賣超好吃肉燥飯，股票價格為 30
元，市場過去 5 年（1260 日）給予的本益比倍數區間為：

　　近 5 年最低本益比 ＝ 10 倍

　　近 5 年偏低本益比 ＝ 12 倍

　　近 5 年合理本益比 ＝ 15 倍

　　近 5 年偏高本益比 ＝ 18 倍

　　近 5 年最高本益比 ＝ 20 倍

圖表 3-26　價值陷阱示意圖1

獲利衰退，指標不停創低，非常危險

2017 生意興隆	2018 同業競爭	2019 經營衰退
每股價格：100元	每股價格：49元	每股價格：10元
每股盈餘：10元	每股盈餘：7元	每股盈餘：2元
本益比：10倍	本益比：7倍	本益比：5倍

2017 年，肉燥飯專賣店經營得有聲有色，此時股票價格為 40 元，
每股盈餘大賺 3 元，這時的 5 個價格區間分別為：

　　低估價 ＝ 3 元 × 10 倍 ＝ 30 元

　　偏低價 ＝ 3 元 × 12 倍 ＝ 36 元

　　合理價 ＝ 3 元 × 15 倍 ＝ 45 元

　　偏高價 ＝ 3 元 × 18 倍 ＝ 54 元

　　高估價 ＝ 3 元 × 20 倍 ＝ 60 元

2018 年，有業者看肉燥飯生意大好，於是也在旁邊賣起肉燥飯來搶生意，由於營業額受到影響，股票價格只剩 20 元，每股盈餘下滑至 2 元，這時 5 個價格區間也會同步下滑：

低估價 = 2 元 × 10 倍 = 20 元

偏低價 = 2 元 × 12 倍 = 24 元

合理價 = 2 元 × 15 倍 = 30 元

偏高價 = 2 元 × 18 倍 = 36 元

高估價 = 2 元 × 20 倍 = 40 元

2019 年，整條街都賣肉燥飯，專賣店生意被搞垮，股票價格只剩 10 元，每股盈餘跌到 1 元，也讓 5 個價格區間進一步下滑：

低估價 = 1 元 × 10 倍 = 10 元

偏低價 = 1 元 × 12 倍 = 12 元

合理價 = 1 元 × 15 倍 = 15 元

偏高價 = 1 元 × 18 倍 = 18 元

高估價 = 1 元 × 20 倍 = 20 元

2017 年 → 2018 年 → 2019 年

低估價：30 元 → 20 元 → 10 元

偏低價：36 元 → 24 元 → 12 元

合理價：45 元 → 30 元 → 15 元

偏高價：54 元 → 36 元 → 18 元

高估價：60 元 → 40 元 → 20 元

透過以上例子（參考圖表 3-27）可以發現，連續三年的業績下滑讓每股盈餘從 3 元跌到 1 元，2019 年的 5 個價格，相較 2017與2018 年都是不斷下滑。隨著專賣店的盈餘越來越低，河流圖的走勢也不停往下，

圖表 3-27　價值陷阱示意圖2（以肉燥飯公司為例）

2017 生意興隆	2018 同業競爭	2019 經營衰退
每股盈餘 3元	每股盈餘 2元	每股盈餘 1元
低估價= 3元×10倍 =30元 偏低價= 3元×12倍 =36元 合理價= 3元×15倍 =45元 偏高價= 3元×18倍 =54元 高估價= 3元×20倍 =60元	低估價= 2元×10倍 =20元 偏低價= 2元×12倍 =24元 合理價= 2元×15倍 =45元 偏高價= 2元×18倍 =36元 高估價= 2元×20倍 =40元	低估價= 1元×10倍 =10元 偏低價= 1元×12倍 =12元 合理價= 1元×15倍 =15元 偏高價= 1元×18倍 =18元 高估價= 1元×20倍 =20元

五個價格區間 =↓每股盈餘 × 五年本益比倍數區間（變動不大）

企業基本面是否正在惡化，一眼就能看出來（見圖表 3-28）。

價值陷阱特徵2：指標不停創低，股價貼著河流圖的下界下滑

當本益比或股價淨值比等指標不停創低時，往往不是好現象，背後通常代表企業出了什麼大狀況，否則不應該遭到市場這般嚴重低估，此時可以透過河流圖一眼看出，再來追究其背後成因。該如何透過價值河流圖，看出本益比或股價淨值比不停創低？只要**股價貼著河流圖下界下滑，就是指標創低的現象**。其根本原理：「基本面惡化的速度比股價下跌的速度慢，使本益比不停創低，而本益比越低時，低估價就會越低，此時低估價將等於當前股價。」這句話什麼意思？

舉本益比為例，回到河流圖的 5 個價格區間公式：

低估價 = 近 12 個月每股盈餘 × 過去 1260 日最低本益比
偏低價 = 近 12 個月每股盈餘 × 過去 1260 日偏低本益比

圖表 3-28 價值陷阱特徵一、河流圖往下滑

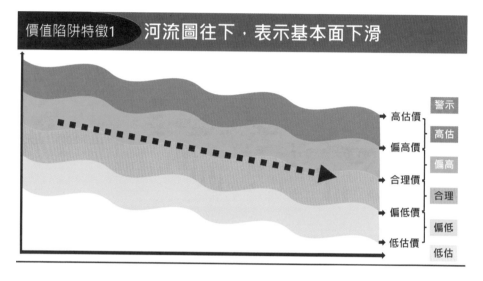

合理價 = 近 12 個月每股盈餘 × 過去 1260 日合理本益比
偏高價 = 近 12 個月每股盈餘 × 過去 1260 日偏高本益比
高估價 = 近 12 個月每股盈餘 × 過去 1260 日最高本益比

　　低估價的公式等於「近 12 個月每股盈餘」乘上「近 1260 日最低益比」，而近 1260 日本益比的計算是採計「日滾動」，什麼是日滾動？因為每天都有股票價格資料，因此每天都會有最新的本益比數值，此時如果本益比創了近 1260 日的新低，「近 1260 日最低本益比」就會跟著不斷的創新低。

　　舉相同的例子，肉燥飯專賣店 2019 年股票股價為 10 元，每股盈餘僅 1 元。市場過去 5 年（1260 日）給予的本益比倍數區間如下：

近 5 年最低本益比 = 10 倍
近 5 年偏低本益比 = 12 倍
近 5 年合理本益比 = 15 倍

近 5 年偏高本益比 = 18 倍

近 5 年最高本益比 = 20 倍

　　本益比 = 每股股價 ÷ 每股盈餘。肉燥專賣店當下的本益比：10 元 ÷1 元 =10 倍，因此專賣店當下的本益比等於近 5 年最低本益比。低估價的公式等於「近 12 個月每股盈餘」乘上「近 5 年最低本益比」：

低估價 = 1 元 × 10 倍 = 10 元

目前股票價格 = 10 元

　　由此可知，**每當「目前本益比」等於「近 5 年最低本益比」時，股票價格就會等於低估價**。2020 年專賣店爆出負面消息，肉源感染非洲豬瘟，沒人敢吃肉燥飯，專賣店業績暴跌，使得股票價格也跟著暴跌，從 10 元跌至 5 元，此時由於財報盈餘還沒公佈，所以本益比公式的分母「每股盈餘」仍舊是 1 元，於是當下本益比就等於 5 元÷1 元 = 5 倍，「近 5 年最低本益比」進一步創下新低，從 2019 年的 10 倍跌至 2020 年的 5 倍。

2019 年近 5 年本益比區間：

近 5 年最低本益比 = 10 倍

近 5 年偏低本益比 = 12 倍

近 5 年合理本益比 = 15 倍

近 5 年偏高本益比 = 18 倍

近 5 年最高本益比 = 20 倍

2019 年近 5 年價格區間：

低估價 = 1 元 × 10 倍 = 10 元

偏低價 = 1 元 × 12 倍 = 12 元

合理價 = 1 元 × 15 倍 = 15 元

偏高價 = 1 元 × 18 倍 = 18 元

高估價 = 1 元 × 20 倍 = 20 元

2020 年近 5 年本益比區間:

近 5 年最低本益比 = 5 倍

近 5 年偏低本益比 = 12 倍

近 5 年合理本益比 = 15 倍

近 5 年偏高本益比 = 18 倍

近 5 年最高本益比 = 20 倍

2020 年近 5 年價格區間:

低估價 = 1 元 × 5 倍 = 5 元

偏低價 = 1 元 × 12 倍 = 12 元

合理價 = 1 元 × 15 倍 = 15 元

偏高價 = 1 元 × 18 倍 = 18 元

高估價 = 1 元 × 20 倍 = 20 元

透過這個例子可以發現,當「目前本益比」創低時,「近 5 年最低本益比」也會跟著創低。當專賣店的股票價格從 2019 年的 10 元下滑至 2020 年 5 元,低估價也從 2019 年的 10 元下滑至 2020 年 5 元,股價一路貼著低估價往下走。因此當**「基本面不斷惡化」且「股價淨值比或股價盈餘比不停創低」時,股價就會等於低估價**,且兩者貼在一起一路往下跌,這就是最典型的價值陷阱(見圖表 3-29)。遇到這種股票就要特別注意,還沒買入前要避開;已經持有在手的,則要去思考背後成因,再進行判斷。

同時滿足 1.河流圖往下 2.價格貼著低估價這兩點,就是價值陷阱。

舉國內童裝第一品牌麗嬰房(2911)為例,因為新生兒數量銳減,

圖表 3-29　價值陷阱特徵二、股價貼著低估價

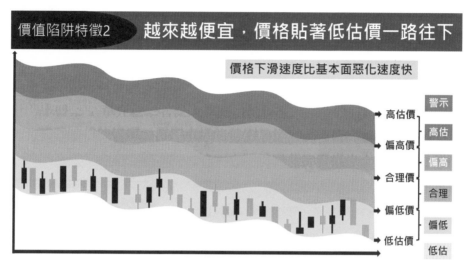

且小品牌低價競爭，使公司獲利不斷下滑，分別在 2015 年與 2019 年出現明顯的「價值陷阱」，也就是河流圖下滑且價格貼著低估價（河流圖下界）下跌（見圖表 3-30）。

　　再舉一個例子，台灣人的兒時味道「蘋果西打」，其製造商為大西洋飲料，上市股票名稱為大飲（1213），2019 年 4 月傳出財報難產的負面消息，不僅營運呈現虧損，2公升寶特瓶裝的「蘋果西打」更屢次出現產品異常，食品安全危機衝擊消費者對品牌的信心，導致公司獲利暴跌，分別在 2018 年第三季 與 2019 年第三季，出現明顯的「價值陷阱」現象（見圖表 3-31）。只要透過河流圖就能曉得，這樣的公司儘管看似便宜，但股價卻可能會不斷下滑，此時應該避開投資或果斷停損。

圖表 3-30 麗嬰房2014～2019股價淨值比河流圖

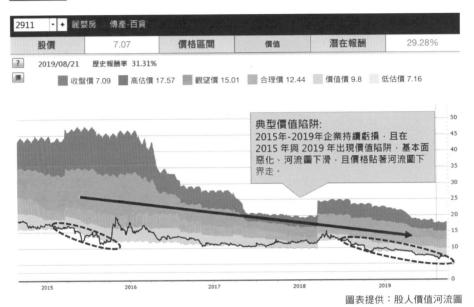

2911	麗嬰房	傳產-百貨				
股價	7.07	價格區間		價值	潛在報酬	29.28%

? 2019/08/21 歷史報酬率 31.31%

■ 收盤價 7.09　■ 高估價 17.57　■ 觀望價 15.01　■ 合理價 12.44　■ 價值價 9.8　■ 低估價 7.16

典型價值陷阱:
2015年-2019年企業持續虧損,且在
2015 年與 2019 年出現價值陷阱,基本面
惡化、河流圖下滑,且價格貼著河流圖下
界走。

圖表提供:股人價值河流圖

圖表 3-31 大飲2017～2019股價淨值比河流圖

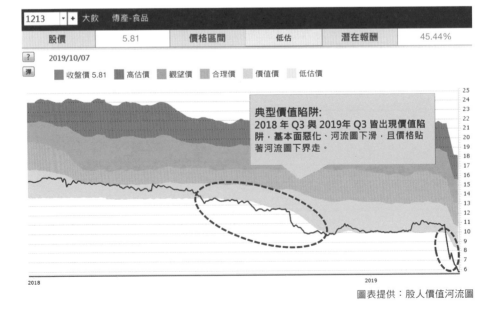

1213	大飲	傳產-食品				
股價	5.81	價格區間		低估	潛在報酬	45.44%

? 2019/10/07

■ 收盤價 5.81　■ 高估價　■ 觀望價　■ 合理價　■ 價值價　■ 低估價

典型價值陷阱:
2018 年 Q3 與 2019年 Q3 皆出現價值陷
阱,基本面惡化、河流圖下滑,且價格貼
著河流圖下界走。

圖表提供:股人價值河流圖

3-5

河流圖有 2 種評價方式，要依據產業類別來選擇

評價也得因材施教

　　因材施教的典故源於孔子，晚年回到魯國的孔子致力於古典書籍的整理，並從事平民教育工作，是歷史最偉大的教育家之一，直到現今他的思想仍廣泛應用在各行各業，其中最著名的就是「因材施教」。孔子也曾提出「中人以上，可以語上也；中人以下，不可以語上也」，這句話說明教育者必須依據受教者不同的資質，給予不同的教導。但「因材施教」跟「投資」有什麼關係？

　　市面上評價法百家爭鳴，本益比評價法、股價淨值比評價法、現金殖利率評價法、現金流量折現法、經濟附加價值等，到底哪一個評價法才是王道？眾說紛紜，也都各執一詞，現金殖利率法認為「現金」才是王道，企業有獲利也要發給股東才行，而且獲利常常被灌水，還是拿到手的現金最實在；本益比評價法認為「獲利」才是推升企業股價上漲的最關鍵因素，股價不漲，拿再多股利都沒有實質獲利；股價淨值比評價法認為「淨值」為企業的身價，也表彰股東的權益，儘管企業利潤會有波動，但只要淨值不斷推升，對股東都是有利的，市場仍會根據淨值給予一定的市場價格。到底哪個評價法對股價的解釋力最高？真的很難以斷定，因為**現實情況來說，企業評價也得因材施教，投資人應該要討論的是，哪個評價法對這間企業最有效。**

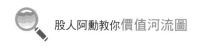
依「產業」來選評價法

　　現金殖利率法強調的是現金股利的持續性，因此「股利政策穩定」扮演非常重要的角色。 什麼叫做股利政策穩定？簡單來說，要經常性的發放股利，比如連續 10 年發放股利，否則這套方法就會失效。若是沒發放股利，或者不固定發放，就沒有現金股利可以評價，這是再簡單不過的道理了。由此可知評價法都有其「侷限性」，那反向思考，是不是只要股利政策穩定，就能使用現金殖利率法評價？這問題的答案可能還須交由「產業」來做第一層判斷。

　　我們依照國內股市資料庫廠商 CMoney 自行編制的產業分類來作為參考，共可分為 70 類（見圖表 3-32）：

　　產業與評價法有什麼關係呢？因為多數評價法都是建立在股利、盈餘與淨值等基本面數據上的探討，而產業有其特性，這些特性會影響企業的營收、成本與獲利，進一步影響到企業的評價穩定性。

　　最常見的就是受「供給」與「需求」強烈影響的「景氣循環股」，比如傳產中的鋼鐵業、水泥業、塑化業、橡膠業、航運業、營建業、汽車業，電子業中的被動元件、面板、記憶體、太陽能等，都屬於這一類。具體來說，景氣循環股有哪些？

　　大部分傳產（循環週期較長）：

　　化學工業、水泥、營建、汽車零組件、紡織纖維、鋼鐵、電線電纜、玻璃陶瓷、紙業、橡膠、汽車、航運、塑膠。

　　電子股也有（循環週期較短）：

　　電子上游──DRAM 銷售、LED 及光元件、PCB-材料設備、PCB-製造、被動元件。

　　電子中游──LCD-STN 面板、LCD-TFT 面板、LCD-零組件。

　　電子下游──太陽能、光碟片。

圖表 3-32　產業分類一覽表

金融 金控	傳產 百貨	傳產 高爾夫球	電子上游 IC-代工	電子上游 連接元件	電子下游 筆記型電腦	電子中游 PC介面卡
金融 保險	傳產 自行車	傳產 塑膠	電子上游 IC-其他	電子下游 工業電腦	電子下游 資訊通路	電子中游 主機板
金融 銀行	傳產 汽車	傳產 電線電纜	電子上游 IC-封測	電子下游 太陽能	電子下游 電信服務	電子中游 光學鏡片
金融 證券	傳產 汽車零組件	傳產 電機	電子上游 IC-設計	電子下游 手機製造	電子下游 數位相機	電子中游 其他
軟體 系統整合	傳產 其他	傳產 橡膠	電子上游 IC-通路	電子下游 光碟片	電子下游 顯示器	電子中游 通訊設備
軟體 其他	傳產 玻璃陶瓷	傳產 鋼鐵	電子上游 IC-製造	電子下游 安全監控	電子中游 EMS	電子中游 電源供應器
軟體 遊戲	傳產 食品	傳產 營建	電子上游 LED 及光元件	電子下游 其他	電子中游 LCD-STN 面板	電子中游 網通
傳產 化學工業	傳產 紙業	傳產 觀光	電子上游 PCB-材料設備	電子下游 消費電子	電子中游 LCD-TFT面 板	電子中游 儀器設備工 程
傳產 水泥	傳產 紡織纖維	電子上游 DRAM 銷售	電子上游 PCB-製造	電子下游 商業自動化	電子中游 LCD-零組件	電子中游 機殼
傳產 生技	傳產 航運	電子上游 IC-DRAM製造	電子上游 被動元件	電子下游 掃描器	電子中游 NB與手機 零組件	電子中游 變壓器與 UPS

資料來源：CMoney

金融股也算（看全球景氣）：

保險、證券、銀行這三大類別，其中又以保險業與證券業有更為明顯的景氣循環，因為投資環境的好壞，將大大影響其產業獲利。

「供給」與「需求」如何造成產業的景氣循環？供過於求時價格就會下跌，供不應求時價格則會上漲。舉一個淺顯易懂的例子，2017 年很火紅的點心「髒髒包」，在當時引起非常大的風潮，人人搶購品鮮，造成「供不應求」，一顆甚至要價 100 元，但隨著越來越多廠商開始效仿

搶生意，供需逐漸反轉，造成「供過於求」，市場削價競爭，現在一顆不到 20 元就買得到，利潤大減。

當供給與需求不對稱時，稱為「供需失衡」，此時需要一段週期來回復，而這段時間差，會使得相關企業連續大漲，接著又連續暴跌。前文髒髒包的風潮僅不到半年，但有些產業的景氣循環週期可達 3～5 年以上。舉石化產業為例，檢視石化業景氣好壞，可以從上游的原油價格觀察，此處供需兩面要分開探討。

需求面：當景氣好時，各行各業用油量會增加，需求就會上升，石油價格也會跟著上升；相反的景氣悲觀時，企業用油量會降低，石油價格也隨之下跌。

供給面：發現新的油田，使產油量大增，供給增加情況下，石油價格就會下跌；相反的如果油田遭遇恐攻或枯竭，產油量大減，供給減少下，有助於石油價格推升。

原油價格的高低，又如何影響企業的獲利？

原油高檔下跌 → 存貨跌價損失 ＋ 下游廠觀望暫不下單 → 企業獲利下滑。

原油低點上漲 → 存貨漲價利得 ＋ 下游廠增強下單力道 → 企業獲利上升。

由此可知，有景氣循環特性的產業，利潤率時高時低，無法掌握在企業手上。**對於這種股票，如果用流量概念的本益比與現金殖利率去評價，有很大機會錯殺績優公司**，此時用存量概念的股價淨值比更好。

以下舉台塑（1301）為例，根據台塑（1301）的本益比河流圖走勢（見圖表 3-33），可看出盈餘忽高忽低，河流的區間對股價完全沒有解釋力，看不出相對的便宜與昂貴。如果用現金殖利率法的話，更會陷入高殖利率的陷阱，買在高點（現金殖利率 6%～6.5%），賣在低點（現

圖表 3-33　台塑2009～2019本益比河流圖

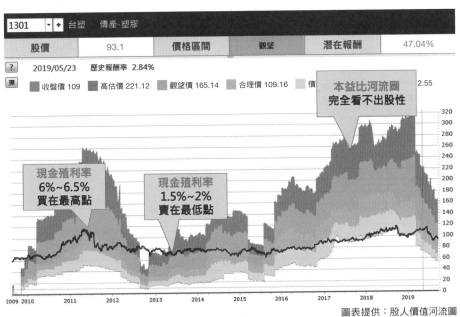

1301	▼ +	台塑	傳產-塑膠			
股價		93.1	價格區間	觀望	潛在報酬	47.04%

? 2019/05/23　歷史報酬率 2.84%

灣 ■ 收盤價 109　■ 高估價 221.12　■ 觀望價 165.14　■ 合理價 109.16　■ 2.55

圖表提供：股人價值河流圖

金殖利率 1.5％～2％），由此可知，塑膠產業不可以用本益比與現金殖利率來評價。

　　根據台塑（1301）的股價淨值比河流圖走勢可以得知（見圖表3-34），即使景氣循環股盈餘忽高忽低，但只要不虧錢，淨值仍會不斷上升，每當價格落於偏低區間，上漲機率就很高，價格落於高估區間，下跌機率則偏高。由此可知，透過河流圖的視覺驗證，證明「股價淨值比」更適合評價台塑（1301）的股價。

選擇評價法，要看盈餘穩定性

　　透過前面的例子了解到，景氣循環股不適合用本益比或現金殖利率法來評價，但這是不是表示，只要「不是景氣循環股」就合適呢？其實關鍵在於「盈餘穩定性」。當盈餘忽高忽低時，就不會有持續性，這種

圖表 3-34 台塑2009～2019股價淨值比河流圖

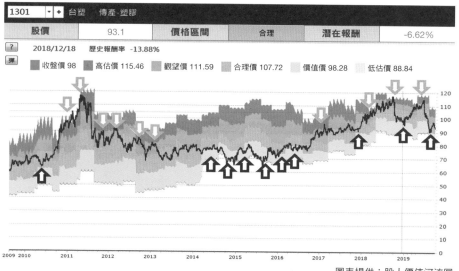

圖表提供：股人價值河流圖

現象在科技股中很常見。因為產品週期短且市場競爭激烈，往往今年產品大賣，明年就被同業超前，造成產品滯銷，但它不一定是景氣循環股，只是有著與景氣循環股相同的特點而已。因此，除了用產業判斷以外，盈餘的穩定性也相當重要，以下列出各個評價法的適用時機。

現金殖利率法：股利政策穩定，且產業變動不大的股票。

本益比評價法：盈餘穩定的非景氣循環股。

股價淨值比評價法：盈餘不穩定的景氣循環股。

哪個評價法更好，讓數據說話

有件事情很重要：你可以選擇相信，但一定要自己驗證。在資訊爆炸的時代，人人都可以上網做免費學習，但與教科書不同的是，網路資源的真實性沒有人可以擔保，且多數經不起大樣本的考驗，投資人往往只能選擇相信講師的光環或是平台的聲望，但這些人並不會對你的投資

負責。評價法的選擇也是一樣的，它攸關對價值的衡量，每檔股票都有其股性，也有其適用的評價法，選對評價法將大大增強投資的效率，但若是選錯，卻可能會本末倒置，買貴套牢而渾然不知。

那評價法究竟該怎麼選？實務上我只用兩種評價法，並透過河流圖的視覺驗證，針對以下兩點去做切換，哪一種有效，用看的就知道：

1. 盈餘穩定度

2. 產業類別

股價盈餘比（又稱本益比法），分子是股票價格，分母是每股盈餘，每股盈餘是「流量」的概念，不同於每股淨值是「累積存量」的概念，因此期間通常都是 12 個月，變動幅度可能較大。遇到以下幾種狀況，可能會使本益比評價法失效：

1. 每股盈餘虧損

2. 每股盈餘太小

3. 一次性獲利

4. 每股盈餘不穩定

5. 景氣循環股

當股價盈餘比無法適用時，就可以使用股價淨值比評價法，但可能有人對使用淨值比評價法有疑慮，畢竟獲利才是推升股價上漲的關鍵因素，同時淨值也不等同於清算價值，怎麼用來評價呢？

這是許多投資人都有的普遍疑慮，但其實不管是在邏輯還是統計上，淨值比評價法都是行得通的。每年度的盈餘都會累積到淨值上，如果公司持續賺錢，淨值就會不斷推升，景氣循環股就適合這一種評價方式，因為景氣循環股會受到強烈供需與原料價格影響，導致公司獲利出現時多時少的不穩定情形，但不表示它沒有投資價值，而是要用對方法去看待它的價值。本益比評價法無法適用時，則用股價淨值比評價法，

因為淨值是獲利的累積，相對較穩定，只要不是虧損狀況，淨值就不會不斷下滑。

以下舉出幾個示範案例。

1. 盈餘穩定的景氣循環股→股價淨值評價法

世鎧（2063）是從事螺絲相關產業的景氣循環股，所以會優先選擇股價淨值評價法。

圖表 3-35　世鎧的評價法比較

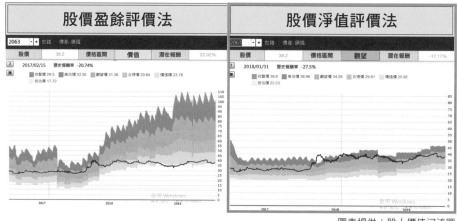

圖表提供：股人價值河流圖

2. 盈餘穩定的非景氣循環股→股價盈餘評價法

台積電（2330）是從事半導體代工的產業，盈餘穩定，所以優先選擇股價盈餘評價法。

圖表 3-36 台積電的評價法比較

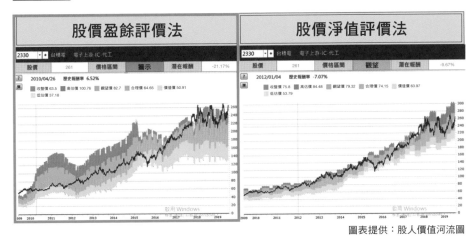

圖表提供：股人價值河流圖

3. 盈餘不穩定的屬於景氣循環股→股價淨值評價法

東陽（1319）從事汽車零組件相關產業，屬於景氣循環股，盈餘不穩，所以選擇股價淨值評價法。

圖表 3-37 東陽的評價法比較

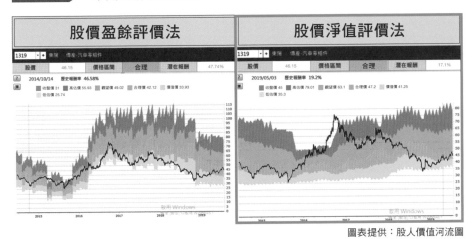

圖表提供：股人價值河流圖

4. 盈餘不穩定的非景氣循環股→股價淨值評價法

凌網（5252）雖然不是景氣循環股，但盈餘不穩定，所以優先選擇股價淨值評價法。

圖表 3-38 凌網的評價法比較

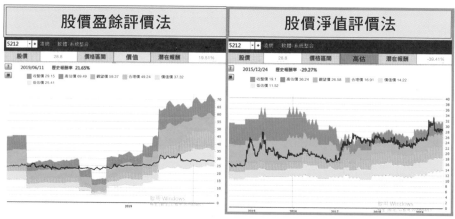

圖表提供：股人價值河流圖

5. 本益比河流圖截斷式上下起伏→股價淨值評價法

旺矽（6223）屬於半導體下游廠商，盈餘非常不穩定，因此選擇股價淨值評價法。

圖表 3-39 旺矽的評價法比較

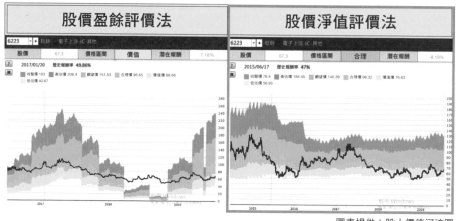

圖表提供：股人價值河流圖

NOTE

Chapter 4

掌握 4 要訣，
你就能安心抱股不盯盤

4-1

【要訣1】選股：
好公司＋好價格＋好願景

選股3步驟，辨識初步投資價值

台股有1700多間上市櫃公司，這麼多股票到底該怎麼選？這是所有初入股市新手的問題。還記得國中時，有位同學的爸爸是證券業務員，從小在爸爸耳濡目染下說得一口股票經，有一天早自習，他對我抱怨：「我爸爸應該聽我的才對，我前陣子選了一檔看起來會漲的股票，結果今天就漲了。」現在想想那位同學當時的話，好像選股就是要選「會漲」的股票，因為投資的目的就是要賺錢，對吧？價格上漲才有實質的獲利，這說法似乎完全沒有瑕疵，畢竟沒人想買會跌的股票。

但「會漲的股票」，會漲多久？會漲多少？之後會不會下跌呢？股價每天都會變動，假如今天漲1%，明天跌2%，後天再漲1%，漲漲跌跌，最終價格還是回到原點，很顯然不算是會漲的股票。那「飆股」算不算呢？坊間出版物常看見這個名詞，形容股價表現強勁，漲得又快又急，短期就能幫投資人獲利翻倍，這算不算是會漲的股票呢？

舉2018年最經典的案例，國內被動元件龍頭廠國巨（2327），受惠於電動車與自動駕駛的強勁趨勢，被動元件需求大增，一度供不應求，訂單爆量，企業短時間獲利激增，股價也從年初的353元一度飆漲至1310元高價，是許多人定義的飆股教科書。但隨後企業獲利下滑，價格暴跌至225元，投資人如果賣得不夠及時，可能慘遭套牢。**這種股票**

儘管會漲，卻「漲得不夠踏實」，因此價格很容易被打回原形，此時如果還買得不夠便宜，損傷將會很慘重。

有獲利撐腰，才能漲得長長久久

另一檔也很會漲的股票，是國內的美妝百貨龍頭廠寶雅（5904），2009～2016 年時因獲利不斷成長，讓股價從 34 元大漲至 474 元，在當時可說是價格非常昂貴的績優公司。但在 2016 年第 3 季時，卻因國內一例一休法案修訂與網路負面流言等因素，股價腰斬到只剩 238 元，投資人叫苦連天，不過當時企業獲利並沒有下滑，反而還上升了，因此股價隨後又漲回 457 元，並配發 15.75 元的現金股利。由此可知，**就算買得不夠便宜，只要是獲利能持續上升的好公司，股價終究還是會漲回來，甚至進一步推升。**「上漲有獲利撐腰」就不怕跌，這是寶雅與國巨兩者之間最大的差異。

透過前面兩個例子，我們了解到兩點：**1. 價格便宜不一定會漲，但至少相對安全；2. 績優公司不一定不跌，但至少漲得回來。**只要企業獲利能持續上升，價格就能進一步推高。因此選股不能只選「會漲的股票」，除非你非常神準，能買在最低點、賣在最高點，短進短出賺取情緒財，否則對一般投資人來說，挑選那些「價格便宜且具上漲潛力的績優公司」將是更安全明智的選擇。

以下針對 **1. 價格便宜、2. 績優公司、3. 上漲潛力**這三點，來個別定義，教投資人如何在 1700 多檔上市櫃公司當中，篩選出具有初步投資價值的股票，再進一步做深入研究。

1. 價格便宜（低估、偏低、合理）

大家肯定有在網拍上買過東西，網拍最大的魅力就在於「方便」，可以在家不出門就滿足購物慾，儘管踩雷率很高，時常需要退換貨（我妹妹就是這樣），但為什麼大家還是持續網購？理由很簡單，因為網拍

非常便宜，人們總是希望買到物美價廉的商品，即使踩雷也無所謂，因為成本不高，買差了也無關痛癢。

其實投資也是，買得便宜不代表就能賺錢，雖然低價也有買到地雷的風險，但至少相對安全，比起價格昂貴的股票稍有風吹草動就可能股價腰斬，**這些價格便宜的股票由於享有偏低的市場預期，因此也具有相對較高的容錯度，下跌時幅度有限，上漲空間卻可能非常大，此時如果能搭配其他指標，並進一步了解背後成因，可能真的就能找到一檔貨真價實的價值股。**

但該如何定義「價格便宜」？我們可以參考第 2 章的股票評價，使用本益比評價法與股價淨值比評價法公式來估計價格區間，並根據第 3 章的評價法，按照產業、盈餘穩定性與河流圖股性來選擇合適的評價法進行估值。

舉本益比評價法為例：

低估價 = 近 12 個月每股盈餘 × 過去 1260 日最低本益比

偏低價 = 近 12 個月每股盈餘 × 過去 1260 日偏低本益比

合理價 = 近 12 個月每股盈餘 × 過去 1260 日合理本益比

偏高價 = 近 12 個月每股盈餘 × 過去 1260 日偏高本益比

高估價 = 近 12 個月每股盈餘 × 過去 1260 日最大本益比

這 5 個價格劃分出的6個區間歷史走勢圖，就是價值河流圖：

● **高於河流上界（警示區間）：位於高估價之上**

可能為暴漲題材股，也可能是具有高市場預期的成長股，若是題材退燒或成長趨緩，股價可能會腰斬暴跌，因此在這個區間應該盡量避免再投入買股。

● **高估區間：介於偏高價與高估價之間**

可能為熱門的存股標的或過熱的趨勢股，因價格已經偏高，不適

合再投入。

- **偏高區間：介於合理價與偏高價之間**

　　如為成長型股票，可續抱；如為民生存股標的，可謹慎再投入，但須留意價格已經偏高。

- **合理區間：介於偏低價與合理價之間**

　　合理水位，對大型績優股來說，價格在此區間，表示相對便宜。

- **偏低區間：介於低估價與偏低價之間**

　　列入重點觀察，隨時準備進場，獲利上升的股票上漲機率很高。

- **低於河流下界（低估區間）：位於低估價之下**

　　可能有價值陷阱，一般來說股價那麼低可能有隱憂，要配合獲利走勢來看，了解背後成因。

圖表 4-1　河流圖的六個選股區間

5 個價格， 可分成 6個選股區間

警示	可能為暴漲題材股，也可能為有著高市場預期的成長股，如果題材退燒或成長趨緩，股價可能會腰斬暴跌，在這個區間，應該盡量避免再投入買股。
高估	可能為熱門的存股標的或過熱的趨勢股，價格已經偏高，不適合再投入。
偏高	如為成長型股票，可續抱；如為民生存股標的，可謹慎再投入，但價格已經偏高。
合理	合理水位，對於大型績優股來說，價格在此區間，都相對便宜。
偏低	列入重點觀察，隨時準備進場，獲利上升的股票上漲機率很高。
低估	可能有價值陷阱，正常來說股價那麼低可能有隱憂，要配合獲利走勢來看，了解背後成因。

在**這個步驟，要優先篩選出價格位於合理區間之下（低估、偏低、合理這三個區間）的股票**，通常價格位於這三個區間時代表相對較安全，上漲機率較高，下跌空間有限，但這不是絕對。透過第 3 章的價值河流圖，我們了解到股票有其股性，有些大型存股標的如中華電信（2412），價格可能位於「偏高區間」就已經非常便宜了。另外像成長股也是，由於享有較高的市場預期，價格不一定要到合理區間以下才算便宜，還要視其河流圖股性與成長力而定。

2. 績優公司（基本面平穩或上升）

如何斷定績優股？構成一間企業的要素有百百種，包括人才、技術、產品、內控、文化等，但這些項目非常難以個別衡量，更多只能靠感覺評估，畢竟投資人並非公司管理階層。但好在這些要素最終都會體現在一個成果上，那就是企業賺錢的本領。換句話說，如果公司不能幫股東賺錢，那再怎麼誇稱以上這些要素，也只是老王賣瓜罷了。

雖然會賺錢的公司不代表一定就是好公司，但能持續賺錢甚至越賺越多的公司，通常都是績優公司。**觀看河流圖的歷史走勢，在過去 1260 日本益比（股價淨值比）變動不大的情況下，河流圖走勢變動的最大因素就是基本面的變化**，因此如果河流圖向上，表示公司盈餘（或淨值）正在不斷上升；河流圖平穩則表示公司能維持穩定獲利水準。

因此，在這個步驟可藉由價值河流圖的走勢，進一步篩選出「基本面穩定或持續上升」的績優公司，儘管有人說，過去獲利不代表未來獲利，用過去資料評估未來不可靠，但現實是，這世上不存在所謂「未來資料」，因此想簡單一點，過去的模範生，會一夕之間變成壞學生嗎？相反的，過去的問題學生會瞬間變成優等生嗎？轉變都是需要時間的，這時間有長有短，要視產業的特性與企業的產品週期而定。若是變動較大的產業，比如競爭激烈的科技業或盈餘不穩定的景氣循環股，就要更加小心評估；如果是產業變化較小的民生或傳產股，盈餘延續性會更穩

定一些。**需要注意的是，這些指標都只是檢視其初步投資價值而已，投資人最好進一步去認識篩選出來的股票，這在下一小節會提到。**

3. 上漲潛力（潛在報酬＞15％）

好公司＋好價格，就一定會上漲嗎？前面兩個步驟裡，初步篩選出基本面良好且價格便宜的公司，而這些公司安全性雖高，股價卻時常一動也不動，浪費投資人不少時間效率。其實這部份關鍵在於股價是否具有「上漲潛力」。

價格為什麼會上漲？技術面的投資人認為是因價量齊揚，籌碼面的投資人則認為是因為主力偷買，基本上這些說法都沒有錯。畢竟股價本身就是一買一賣，市場供需所造就的價格，不需要去爭論誰才是領先指標，誰又是落後指標。方法有沒有效，要從非常多層面去探討，包括期間長短、方法差異、市場區隔、商品種類、資料取得等，每一項都需耗費多時來驗證論述。在基本面分析中，我認為股價的「上漲潛力」必須滿足以下兩項要素中的任一項：

1. 超跌：當前股價遠低於真實價值。

2. 成長：企業未來獲利能力，持續上升。

我們反向思考，主力在乎的是什麼？為什麼價量會齊揚？根本的原因還是看好公司未來獲利成長。在本書的第二章，我們已透過評價法找出企業的 5 個價格區間，但應該用哪個價格做為參考價值？衡量價值高低時，看的是當前股價與真實價值之間的差距，而投資看的是未來，而非買過去表現，因此**真實價值的衡量，應該將「未來的獲利成長力」也考慮進來。**

透過前面章節的邏輯推理，我們已經了解到本益比表彰的是市場預期，未來成長力越高的公司，要給予更高的目標本益比倍數；沒有成長力的股票，本益比再低都顯得昂貴。因此在這個步驟，要將成長考慮進

來，這裡指的成長是「每股盈餘的未來成長力」，投資人可以採用「機構預估」的成長，或者是「自己預估」的成長，如果是產業變動較小的公司，則可採用過去 3～5 年的盈餘複合成長去評估。

前提須知：

機構預估成長率 ＝（機構預估未來 12 個月每股盈餘 － 近 12 個月每股盈餘）／近 12 個月每股盈餘。

自己預估成長率 ＝ 必須做足總經、產業、質性研究，因人而異。

過去 N 年複合成長率＝（今年度每股盈餘／N年前每股盈餘）＾（1／N）－1

如果是採用機構預估的資料，機構每隔一段時間就會出具對公司的研究報告，其中包含對盈餘的估算，我們可以採計機構預估的盈餘，並根據預估成長力，給予股票一個目標價，並與現在價格相比，算出具有預估涵義的潛在報酬，估計股價可能的漲跌幅度。

目標本益比倍數：可參考本書第 2 章（成長力越高，給的本益比倍數越高）

目標價格 ＝ 預估未來每股盈餘 × 目標本益比倍數

安全折扣 ＝ 保守估值情況下，投資人依照自身風險承受度給予合適乘數（6 折～95 折）

潛在報酬 ＝（目標價格 × 安全折扣 － 現在價格）÷ 現在價格

「潛在報酬」就是目標價格與當前價格之間的差距，或稱為「安全邊際」，可看成是股價可能的上漲下跌幅度（見圖表 4-2），這個步驟是為了選出潛在報酬較高的股票，一般而言，我給投資人的建議是 15% 以上為宜。

圖表 4-2　潛在報酬計算示意圖

公式　潛在報酬 = 目標價值與價格間的差距

目標價值 = 預估每股盈餘 × 目標本益比

潛在報酬 = (目標價值×安全折扣–價格) ÷ 價格

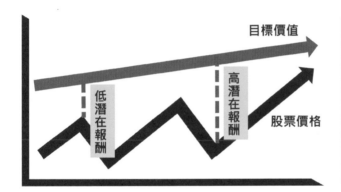

高潛在報酬表示股價有較大的上漲空間，但也可能處於被低估的狀態。低潛在報酬表示股價有較高的下跌機率，但也可能處於被高估的狀態。

重點整理：

1. 不是只挑便宜的價格，還要買具有上漲潛力的好公司。

2. 使用量化的方式，篩出具初步投資價值的股票。

3. 價格便宜的標準：視不同股票的股性而定。

4. 績優公司：河流圖平穩或上升，表示企業基本面穩固。

5. 上漲潛力：潛在報酬高於 15%，要用預估值較為妥當。

4-2

【要訣2】了解：魔鬼藏在細節裡，買股前看清楚 10 件事

科學的量化與質性的藝術

　　學生時期打過籃球校隊，更當過隊長，當時要決定隊上的先發陣容，找出 5 位最厲害的隊員，挑選時除了要考慮位置（後衛、前鋒或中鋒），平常球員的表現，包括得分、籃板、助攻、阻攻、抄截、失誤等，都是相當重要的量化數據，透過這些數據，能快速找出各個位置上最好的球員。但有趣的是，最厲害的 5 個球員不一定是最強的陣容，還需要考慮球員近況、團隊默契、對手球風與防守陣型等，這些是較難體現在數據上的質性因素，但往往會決定比賽的勝負。

　　這原理在投資上也一樣，股票分析包含科學與藝術兩個面向。**科學的部份是從年報、財報、機構預估、研究報告等數據資料，進行嚴謹的估值，又簡稱為「量化分析」。** 任何投資都會用到量化，但對量化的講究程度，就是關鍵性的差距所在。英文有句話說「garbage in, garbage out」，意思是垃圾進、垃圾出，在電腦科學與資訊通訊技術領域，這句話的意思是「如果將錯誤的、無意義的資料輸入電腦系統，電腦自然一定會輸出錯誤、無意義的結果」。**其實，即使是有用的資料，若理解方式錯誤，最終也會產出無用的垃圾資訊。**

　　藝術的部份是對企業未來與產業前景的主觀評估，是無法透過數據呈現的資訊， 通常是個人的經驗與直覺，其中可能還參雜一廂情願的成

見，相對困難一些。因素百百種，不同的產業或公司又各不相同，很難有制式化又具權威性的分析流程。肯定會有人疑惑，投資挾帶個人的意見真的好嗎？這樣會不會不夠客觀？這是大家最常見的誤解，其實主觀可分為毫無根據的看法與符合邏輯的假設，因此評估的重點在於是否符合邏輯，只要過程合理，並且經得起日後驗證即可。

史上有兩位傑出的投資人，同時也是量化學派與質化學派的開山始祖，分別是注重財務數字與資產狀況的價值投資之父葛拉漢，以及注重獲利能力與經營品質的成長型投資大師菲利普・費雪（Philip Fisher）。他們兩位都有許多投資人追隨，並以此定位自身學派，但事實上這兩派並不衝突，都非常重要，更是我認為不盯盤的精髓所在。

質性的看法，輔以量化的根據。**我喜歡先藉由量化的效率，篩選出具有初步投資價值的股票，再根據質化的分析，深入了解公司的營運、優勢與風險，這能讓我看清一間公司的真實價值**，不受市場消息與價格漲跌影響，事前設定好自己的投資劇本，才不會成為後知後覺的盲目追隨者，並達成真正的不盯盤投資。

買股之前，先了解公司這 10 件事

一般人該如何了解公司？我們並不是大型機構法人或公司內部人士，無法任意見到公司管理階層，並實地巡視營運狀況。就算都辦到了，身為一個外部人，要如何驗證其真實性？難道管理階層不會報喜不報憂嗎？逛個公司就能瞭解其內部實際運作狀況嗎？顯然「深入了解」並不如我們想像中的容易。但好在也不需要那麼深入，一般人只要透過年報與財報了解關鍵資訊，就能做好不盯盤投資。

股東會年報是投資人了解公司最快的途徑，但打開年報後，許多人會面臨同一個問題，就是完全看不懂，也不曉得從何看起。其實看年報有一些訣竅，首先，閱讀年報的目的是「了解公司」，這並不是把年報一字不漏讀透，而是擷取重點，列出想要找的資訊，把年報當工具書來

用，逐一勾勒出公司的樣貌。簡單來說就是要把年報當成查詢關鍵資訊的字典來用，對投資來說，我認為關鍵資訊為下：

一、公司產品：了解公司主要賣些什麼，如果連產品的樣貌都不曉得，那就跟只看價錢買福袋一樣，總是沮喪多於驚喜。

二、應用在哪：了解產品終端應用在什麼地方，這能進一步感受到市場供需的變化，好比機殼的終端應用在手機與電腦，當手機與電腦賣不好時，機殼當然也不會好到哪去。

三、營收結構：了解公司近 5 年產品營收比重，能看出公司的營運重心，例如哪項產品賣得越來越多，還可以與毛利率做比對，早一步看出公司產品結構是否穩健。

四、在哪生產：了解公司廠區位置，可以洞悉匯率、成本與政策對公司造成的影響，舉例來說，在中美貿易戰打得火熱時，如果產區在中國，並出口至美國，可能就會因關稅提升而影響股價。

五、賣到哪裡：了解銷售區域、內外銷比重，可以看出當地景氣、市場競爭、政策與匯率對公司造成的影響，例如公司產品主要銷往中國，這時如果中國市場面臨景氣疲弱，消費力大減的問題，就會影響到公司的營收。

六、獲利能力：檢視營收、毛利率、利益率、淨利率、每股盈餘與股東權益報酬率的變化，並探究背後變化原因，進一步去了解公司獲利的品質。

七、財務狀況：檢視負債比率、利息保障倍數（註：指目前的獲利能力是利息的多少倍。倍數越高，表示債權人受保障程度越高，也就是債務人支付利息的能力越高）、自由現金流量變化，了解公司有沒有潛在的倒帳風險，並根據公司資金流向，進一步去追究用途，提前洞悉經營方向與財務安全性。

八、企業護城河：護城河可定義為企業鞏固其獲利的能力，也就是企業特有的持續性優勢，如同河道保護城堡般，保護著企業。種類有很多，包含品牌信任感、專屬的製程、頂尖的人才、忠誠的客群、壟斷的特權與成本優勢等。

在護城河的分類上，由於類型過於繁多，很難去做出歸類統整，有興趣進一步了解這方面的讀者，我建議可閱讀《護城河投資優勢：巴菲特獲利的唯一法則》一書，作者是全世界最具公信力的評等機構晨星（MorningStar）的研究部門主管派特・多爾西（Pat Dorsey），他在書中詳細解釋護城河的概念，並歸類成以下 5 種：

- **無形資產**：品牌、專利、特許執照、技術。
- **轉換成本**：高黏著性客戶、產品／客戶營運緊密結合。
- **規模優勢**：獨占、特有、市占。
- **成本優勢**：資源、地點、程序。
- **網絡效應**：口碑、群眾認同、產品價值會因為使用者增加而提高。

九、企業風險：指企業在生產經營活動的各個環節中，可能遭受到的獲利衰退或變動，涉及範圍相當廣泛，不管是在採購、生產、銷售等不同的經營流程，還是在計畫、組織、決策等不同職能領域，舉凡**企業可能遇到的危機都統稱為企業風險**。常見的分類如下：

- **競爭風險**：低價競爭、產品被競品取代，常見於勞力密集的低技

術產業。

- **成本風險**：生產地的原料或人力成本提升。
- **原料風險**：原料價格變動，進而造成銷貨成本上升，常見於景氣循環股。
- **匯率風險**：因貨幣轉換帶來的匯損或避險成本，這是外銷導向企業經常面臨的風險。
- **自然風險**：因天災人禍導致獲利突發性受損，常見於農漁業、保險業等。
- **倒帳風險**：負債過高，導致公司資金出現缺口，倒帳破產。可能出現在銀行業、租賃業等。
- **法規風險**：因為法律調整，而受到整體營運策略的影響。例如：Uber、台肥、醫療、fintech等。
- **內部風險**：包括人才流失、機密外漏、內部控管機制不足等。例如：宏達電。
- **政治風險**：政治角力等因素，例如：中美貿易戰、貿易保護主義等，容易影響企業國際貿易。
- **炒作風險**：市場瘋狂炒作，享有不可思議的過高預期，導致股價會推得過高。
- **系統風險**：全市場恐慌，所有公司都受大環境牽連，投資人恐慌性拋售。

　　十、關鍵因素：泛指影響企業的最關鍵因素，比如航空業就是罷工與油價、半導體代工在於奈米製程的領先、塑化產業重視國際原油價格、金融業則是市場利率政策、資產品質等，通常**與獲利有著最直接的關聯，並進一步牽動股價**。

案例示範：龍巖（5530）

一、公司產品：成立於1992年，在臺灣首創一條龍式的喪葬服務。2005年起，為借殼上市而與大漢建設進行策略聯盟，直到2011年兩家企業正式合併。目前主要經營殯葬業、副業經營民宅與商辦的租賃。

二、應用在哪：靈骨塔、禮儀服務，主要販售塔位，供亡者骨灰存放，同時開放給家屬與親友前往祭拜或追思。近年來，為了因應多元文化的社會，提供客製化的葬禮服務，消費者可簽訂生前契約，規劃自己的專屬葬禮。

三、營收來源：殯葬服務 91 ％，副業經營租賃，經營項目單一好懂，產品比重變化也不大。

四、在哪生產：目前經營以台灣為主，但近年也計畫朝海外發展，並轉投資大陸、馬來西亞與新加坡，畢竟做往生者的生意，人越多的地方，需求也會越高。

五、賣到哪裡：100％內銷台灣，但透過上面的轉投資項目，可能還有一些比例會來自於海外，但不列入公司的主要銷售地區。

六、獲利能力：2019 年盈餘大減、三率下滑，主要原因為第二季比起去年（2018年）同期，少了一次性收益，加上殯葬業營收認列的特性，第二季並沒有完工塔位，也就沒有收入進帳，所以並不是盈餘大幅下滑。透過未認列收入的合約金額與合約負債，可看出企業營運並沒有衰退。

七、財務狀況：負債比率的增加，主要是由於會計準則的變動，原先的預收款變成合約負債，而歸屬於流動資產的應收帳款就會增加，但實質沒有任何影響。

八、企業護城河：

1. 殯葬業不受景氣循環影響。

2. 生前契約為全台最大，占 70％。

3. 殯葬業有一定進入門檻，特別在習俗的傳承上。

龍巖（5530）雖算不上護城河太過深厚的股票，但所屬產業變化很小，又有一定的進入門檻，只要管理階層沒有重大問題，公司不容易步入衰退。

九、企業風險：

1. 地區家族經營，時常削價競爭搶客。

2. 由於社會觀感問題，人才招募不易。

3. 礙於社會觀感，生前契約推廣仍須突破。

十、關鍵因素：台灣市場有限，穩定但也無成長，未來公司想要開啟另一波成長，機會將會在中國的市場，畢竟人多，禮儀服務需求就多。另外龍巖在估值上，可以參考財報附註的「未認列合約承諾」，也就是塔位的總銷售金額－累計已認列營收，藉此看出公司未來的潛在營收與獲利。

4-3

【要訣 3】追蹤：籌碼面和關注度是反指標，人多的股票不要碰

短期的價格變化，難以預測

股神巴菲特發表過非常多膾炙人口的經典名言，其中不乏對預測短期股價變化的批判，包括：

「我們從來不會想要去預測股票市場的走勢，事實上，我不認為包含我自己本身在內，有人能夠成功地預測股市短期間的波動。然而就長期而言，我們覺得我們這些主要持股的價值，終將遠超過我們當初投資的成本。」──1978 年

「短期股市的預測是毒藥，應該把它擺在最安全的地方，遠離兒童以及那些在股市中的行為像小孩般幼稚的投資人。」──1993 年

「對股市做預測的人，唯一的貢獻就是讓算命的人看起來更了不起。」──1993 年

巴菲特認為，想要成功預估短期的股價非常困難，因為影響每日漲跌的因素實在太多。這其實不難理解，因為參與股市的人數眾多，人人都有自己一套邏輯，且對每條訊息的反應也有所差異。這些差異最終造就每日股價的漲跌，想要預測這些漲跌難度極高，因為不是每個人都能理性進行投資，更多是憑感覺在買賣股票。

　　儘管如此，股市裡仍舊有許多有趣的現象，每天都能看見無數高手在做例行的行情解盤，例如：「本週看漲」、「下週看跌」、「今日轉多」、「明日轉空」，就連投顧券商與機構法人也會發出不同的趨勢預估，整個市場充斥著對短期股價的預測，但機率就跟擲骰子一樣，大小各半。那為何還是許多人想看？因為人們不喜歡面對未知，這是與生俱來的需求，也是「算命」歷久不衰的原因。

如果無法預測，就要懂得預防

　　說實話，我不認為巴菲特的一切都是對的，我確實欣賞這些大師的成就，但從不盲從他們的想法。就連大師本人都提倡「自我觀點」的重要性，因此投資人必須獨立思考，並做出合理的判斷。舉例來說，我認為任何決策的背後都有「預測」的成份，重點在於所採用的「邏輯」與對邏輯本身的把握，而非一直強調「不要預測」。這世上不存在所謂的未來資料，而我們的每個決策卻都影響著未來，在這個立場下，我並不否定技術面與籌碼面等短期方法的有效性，但我能肯定的是，雖然我沒本事也不想做短期預測，但更不願讓它影響我的投資。

　　短期價格會受到情緒與籌碼的影響，即使投資人無法準確預測，卻仍會受到它的間接影響，好比當市場情緒高昂、大股東不停賣股、內部人出脫持股時，再好的公司價格都會重挫，此時代表投資標的可能隱含著投資人無從得知的未公開消息，而這消息將會大大改變我們原先對價值的評估。畢竟我們不是挾帶龐大資金的機構或公司內部人士，更沒股神的本事，因此面對這些市場狀況，必須更加謹慎，這時我會透過一些短期指標來做事前預防。

關注度、籌碼力道、內部人持股

　　短期股票價格會受到情緒與籌碼的影響，所以透過前三步驟：「好公司＋好價格＋好願景」確認初步投資價值，並用心了解公司 10 件大

小事。確認投資價值後，我會等待市場情緒退燒，籌碼乾淨後，再進場買入，避免受到價格波動傷害。

關注度：低、中

高關注度表示股票很熱門，或有過度炒作的嫌疑。炒作是一種價值發現的過程，但如果買在市場熱烈炒作時，價格波動較為劇烈，可能處於暴漲或暴跌的狀態，此時買股價格可能會不太理想，不是安全邊際縮小，就是股價進一步下跌虧損。因此如果不能早市場一步進場布局，那我就會果斷放棄，或者等待市場退燒後，再重新評估其投資價值。

簡單來說就是「不買熱門股」，鎖定較為冷門的股票，這種股票也較容易出現價值被低估的情況。這邏輯與市場常聽見的謠言：「無量不要碰」大相逕庭，但透過 20 年的大樣本數據驗證後（見圖表 4-3），可看出關注度高的股票，績效與勝率確實來得較不理想，畢竟數據是不會騙人的。因此在這步驟，我會觀察股票近期的交易周轉率，「避開周轉

圖表 4-3 透過20年大數據，檢測股票關注度與投資勝率的關聯性

關注度	持有勝率							
	持有 1 週	持有 2 週	持有 3 週	持有 1 月	持有 1 季	持有半年	持有一年
低	51.9%	51.3%	51.1%	51.1%	52.9%	54.6%	57.0%
中	50.4%	50.2%	50.0%	49.9%	50.1%	50.3%	50.9%
高	48.8%	48.2%	47.6%	47.0%	46.0%	45.2%	44.1%

關注度	持有報酬							
	持有 1 週	持有 2 週	持有 3 週	持有 1 月	持有 1 季	持有半年	持有一年
低	0.2%	0.5%	0.7%	1.0%	3.8%	8.2%	18.2%
中	0.2%	0.4%	0.6%	0.9%	3.0%	5.9%	12.2%
高	0.1%	0.2%	0.3%	0.4%	1.4%	3.0%	6.0%

率過高」的股票，也就是不買市場上最火熱的前 20% 熱門股。

關注度公式 = 近 5 日市場周轉率平均 = 近 5 日交易量平均 ÷ 發行股數

高：近五日周轉率平均 ≥ 全市場 80%

中：全市場 50% < 近五日周轉率平均 < 全市場 80%

低：近五日周轉率平均 ≤ 全市場 50%

籌碼力道：買盤增加、賣壓減緩

方向比數值正負更有資訊價值，比較「近 5 日平均主力買賣超」與「近 20 日平均主力買賣超」的大小，去衡量目前市場上主力的方向，避免與市場主力對做，也就是**避開那些賣壓增加或買盤減緩的股票**，這一點在投資小型股時必須格外留意，因為小型股雖然被有心人士操弄的機率不高，但只要碰上就會遭受不小的損失。

籌碼力道 = 近 5 日平均主力買賣超 － 近 20 日平均主力買賣超

買盤增加：5 日平均主力買賣超 ≥ 0，且 5 日平均主力買賣超 > 20 日平均主力買賣超。

買盤減少：5 日平均主力買賣超 ≥ 0，且 5 日平均主力買賣超 < 20 日平均主力買賣超。

賣盤減少：5 日平均主力買賣超 < 0，且 5 日平均主力買賣超 > 20 日平均主力買賣超。

賣壓增加：5 日平均主力買賣超 < 0，且 5 日平均主力買賣超 < 20 日平均主力買賣超。

內部持股：持股增加、持股不變

內部人持股包含董監事、總經理與大股東等相關關係人，這些人是最有可能知曉公司內部營運實情的高層，假設他們最近持股減少，此時

要留意，是否有市場未公開的壞消息，因此當內部人持股近三個月都出現減少跡象時，我會先避開，等待其持股增加或持股平穩後，再重新評估投資價值，進場佈局。根據大樣本的驗證結果（見圖表 4-4），以上的論點其實也已得到數據支持，內部人持股減少的股票，在接下來的表現確實會輸給內部人持股增加的股票，不論在勝率還是報酬上。

內部人持股 ＝ 董監事、總經理、大股東與相關關係人持股變化
持股增加：近1月內部人持股 ＞ 近3月內部人持股
持股不變：近1月內部人持股 ＝ 近3月內部人持股
持股減少：近1月內部人持股 ＜ 近3月內部人持股

圖表 4-4　透過15年大數據，檢測內部持股增減與投資勝率的關聯性

內部持股	持有勝率						
	持有 1 週	持有 2 週	持有 3 週	持有 1 月	持有 1 季	持有半年	持有一年
減少	50.8%	50.5%	50.3%	50.1%	50.2%	50.7%	50.6%
不變	51.6%	51.3%	51.2%	51.3%	53.0%	53.9%	55.9%
增加	51.4%	51.4%	51.4%	51.5%	54.0%	56.4%	57.3%
內部持股	持有報酬						
	持有 1 週	持有 2 週	持有 3 週	持有 1 月	持有 1 季	持有半年	持有一年
減少	0.2%	0.4%	0.6%	0.8%	2.8%	6.0%	12.5%
不變	0.2%	0.5%	0.8%	1.1%	3.6%	7.1%	15.5%
增加	0.2%	0.5%	0.8%	1.1%	4.1%	9.6%	19.6%

4-4

【要訣4】紀律：嚴守3準則，克服貪婪、恐懼和僥倖的症頭

投資不能沒有紀律

"If you let yourself be undisciplined on the small things, you will probably be undisciplined on the large things as well."

這句話來自巴菲特，意思是「如果你在小事上缺乏紀律，在大事上也會一樣」。人們在投資時，常常因為金額少，而不在乎紀律與原則，憑感覺在交易，想買就買、想賣就賣、虧損就抱、獲利就跑，如同偏離正軌的列車，永遠到不了目的地，嚴重一點可能還會中途「出軌」，最終翻車悲劇收場。殘酷的是，這並不是一些危言聳聽的寓言，而是大多數人的投資日常。

紀律是看待事情的原則。巴菲特深信紀律的重要性，因此他從不做沒把握的事情，舉例來說，他曾與幾位朋友去打高爾夫球，朋友對他提出一個賭局，只要巴菲特能夠打出一桿進洞，就給他 1 萬美金，輸了的話巴菲特則必須給他 10 元美金。巴菲特最終拒絕了這一個僅 10 美元的賭注，因為他認為勝算不高，絕不輕易下注。這與金額大小無關，而是原則問題，不懂不要碰，沒把握就不要賭。

紀律是投資的必要條件。即使一套報酬率 15％投資策略的勝率高達 70％，但若遇上無法遵守紀律的操作者，最終只會導致令人失望的結果。相反的，一套勝率 51％、報酬率 5％的投資策略，若由一個嚴謹執

行策略的操作者來運用，儘管獲利不高，卻能實實在在的複製出相同的績效，最終更勝那些聰明但無原則的投資人。

紀律是克服人性的關鍵。人性有三大弱點：貪婪、恐懼和僥倖，暴漲時才想要買股，下跌時則恐慌想賣，更不時心存僥倖，認為只要題材很熱，不必管價格高低，也不顧是否了解公司，堅信只要能跟上潮流，隔天續漲就能賺錢，只要不是最後一個倒楣鬼就行了。然而抱持這種想法的人，卻往往都預言成真，真的變成最後一隻白老鼠。

這些弱點都是人的天性，而不幸的是，**在投資的世界裡，順從天性卻很容易受傷**，好比大家都知道買股票要買低賣高，但都在追高殺低，上漲時瘋買、下跌時不敢買，理由很簡單，因為不清楚自己買了什麼，心想跟著大家走準沒錯。歷史證明，這種想法通常都是任人宰割的小綿羊。相反的，投資成功的人通常都是違反人性的，但違反人性並不容易，因此需要規則來約束自己，那些規則就是紀律。

在投資的世界裡，方法其實是最簡單的，而且也很容易被複製；想做好投資，真正需要下功夫的地方在於紀律。**良好的紀律能讓投資人有效的實踐方法，勝率再高的方法，如果得不到正確的使用，可能勝率還不如擲骰子；而一個好的投資，只需要一套簡單的準則即可。**

買賣三準則

上了舞台，如果沒有劇本，那該怎麼辦？正常只有兩種反應：1. 即興演出 2. 臉色發白。這個比喻放在投資上格外貼切，有一群人常常在股市裡即興表演，每檔股票都談，每種盤勢都講，在社群網路上非常活躍，但讓人看不出個所以然，因為他們的投資策略沒有整體性的脈絡，更像是看圖說故事，憑感覺在做投資。另一種人更常見，莫名其妙就買了股票，但除了代碼與產業外，其餘一無所知。股價上漲時會覺得自己很厲害，股價下跌時才開始恐慌不知所措，翻新聞找原因，徵求別人意見。**這些人要到這時候才會意識到，自己原來根本不知道買進的是什麼**

股票，更不曉得買進股票後該做些什麼。

一位稱職的演員，會在事前做足功課、熟讀劇本，並對情境進行模擬，上了場就是照劇本演出，不會臨陣磨槍，更不可能驚慌失措，這是一種負責任的態度。投資人也必須對自己負責，而負責的方式，就是規劃一套完整的劇本，才不會讓自己在事後恐慌。以下是我認為投資應有的準則，細則因人而異，但好的投資人，投資程序一定都有這三項：

1. 明確的買進準則。

2. 分散風險。

3. 明確的賣出準則。

明確的買進準則：

明確的買進條件就是前三小節的總結，**透過「價格便宜」、「績優公司」、「上漲潛力」這三個步驟，篩選出一籃子價格便宜，且具有上漲潛力的績優公司。**初步辨識這些公司的投資價值後，投資人必須進一步去了解公司的 10 件大小事，這步驟尤其重要，因為不懂不要買，要買就要了解，等到選定幾檔能力圈內的個股後，再透過「關注不高」、「主力不賣」、「內部不賣」等情緒籌碼指標，去避開熱度過高、籌碼大賣與內部人大賣的股票，選擇恰當的時機進場佈局。明確準則如下：

選股：辨識初步投資價值

步驟一、價格便宜：低估、偏低、合理

步驟二、上漲潛力：潛在報酬 > 15％

步驟三、績優公司：河流圖平穩或上升

了解公司的 10 件大小事

公司產品、應用在哪、營收結構、在哪生產、賣到哪裡、獲利能力、財務狀況、企業護城河、企業風險、關鍵因素。以上資訊可從這幾

種來源收集：

1. 財務報表
2. 個股新聞
3. 法說會資料
4. 近三年股東會年報
5. 寫信致電發言人

追蹤：選擇合適進場時機

關注度：低、中

籌碼力道：買盤增加、賣壓減緩

內部持股：持股增加、持股不變

分散風險

分散產業：4～5 個

一次最好持有 4～5 個產業的股票，太多過度分散，太少則過度集中。各個產業特性不同，舉例來說，金融業、電信業偏向存股；民生類別存股或價差皆合適，視盈餘穩定度與股利政策而定；科技業偏向價差與成長型投資；景氣循環股傾向價差與週期性投資。**投資人可以依照自己熟悉的產業去分配投資金額**，但切勿全集中在單一個股或產業，雖說投資要控制在自己的能力圈內，但能力圈如果過度集中，風險也會很高，畢竟不是人人皆為巴菲特，沒有龐大的資金與豐厚的資源，更沒有他的智慧，因此不該過度自信。

分批資金：切 3 等分

人們常常希望買在最低點，賣在最高點，但其實這有點不切實際，能買在相對低點就很厲害了。因此我們更需要一些容錯機制，來預防「買的價格不夠低」這個問題。這個機制就是分批投入，攤平買入的成

本，這是因為就算是便宜的股票，在買進後價格可能也會再度下跌，此時如果沒有足夠的現金再加碼投入，投資人在成本上就會失去彈性。

投資在一檔股票上的資金，通常會切成至少三等分來依序投入，這有點像定存的概念，但又有點不太一樣。這裡的加碼選擇，除了定期外，我還會考慮「潛在報酬」：**在仍舊有投資價值，且仍滿足買進準則的情況下，可每季加碼一次**，或將「潛在報酬擴大 7～8％」視為加碼訊號。這步驟會讓你投資更加果斷，畢竟每檔投資資金切成 3 等分後，如果手中又持有 4～5 檔，等於一次投入一檔股票的資金僅有 1/12。

潛在報酬：25％ → 1/3資金

潛在報酬：33％ → 1/3資金

潛在報酬：41％ → 1/3資金

大家常常有個錯誤認知，認為加碼肯定就是「價格」更低，價值投資就是虧損狀態下的攤平。但其實這是錯的，價格的便宜昂貴，是由「價值與價格間的差距」來決定，也就是所謂的潛在報酬（或稱安全邊際），潛在報酬擴大的原因有兩種情況，先回顧一下公式：

潛在報酬＝（目標價－價格）／價格

目標價上升、價格上升：視潛在報酬變化

目標價上升、價格下滑：虧損再加碼

目標價下滑、價格下滑：觀望，並視潛在報酬變化

目標價下滑、價格上升：觀望，並視潛在報酬變化

目標價不變、價格下滑：損失再加碼

目標價不變、價格上升：視潛在報酬變化

目標價上升、價格不變：加碼

目標價下滑、價格不變：觀望，並視潛在報酬變化

目標價不變、價格不變：定期加碼

只有當價值上升或不變時，我才會持續加碼。

明確的賣出準則

當初買進的理由不存在後，就要果斷賣出你的股票。我不會輕易賣掉手中的股票，特別是具有成長力的公司，但這不表示我不會賣股。就如同前面章節所述，不要盲目崇拜大師的名言，而是找出適合自己的方法，針對個別股票的特性去做投資。我認為並非每間公司都得持有 10 年以上才值得買入，因為我不如巴菲特那般聰明，更沒有 10 年的遠見。

其次，價值投資是一種邏輯，而非買賣的方式。並不是「存股」才叫做價值投資，也不是做「價差」就叫做投機，如同我前面章節所講，獲利的方式就是市場「股票價格」與自身「持有成本」間的差距。價格沒有上漲，領再多股利來降低「持有成本」都是枉然，這是因為即使成本下滑，但價格卻也跟著下滑，在沒有填權息的前提下，除了無實質獲利以外，領股利還得繳稅，並非毫無成本。

「價差」與「波段」意義並不相同，很多人喜歡把這兩者混為一談，認為「波段」就等於「價差」，但其實「波段」更像是藉由技術分析（KD、MA、RSI 等指標），預判價格的來回起伏來賺取「價差」。我們要探討的是背後的邏輯，而非獲利方式本身，簡單來說「波段」更像是種邏輯，「價差」則是獲利的本質。

我不喜歡頻繁的交易，但不表示我不會賣股。我的投資方法依照經驗法則來看，週期最短約在三個月至一年左右，對於一些大型績優股，如將視其為核心標的，會再更久一些，算是偏中長期的投資方法。

但**我不會預設持股的時間**，有些市場迷思認為一檔股票必須持有 5 年，不然就是投機，這個說法就好像「結婚要結 5 年，不然就是不忠」一樣，大大忽略 5 年內可能產生的變化。我認為該賣的時候就要賣，一切按照劇本演出。特別是出現以下四種情況時，我會果斷選擇賣出：

1. 潛在報酬 ＜ 5%

潛在報酬 5% 以下，表示可能已經沒什麼安全邊際了。圖表 4-5 是貿聯 -KY（3665）的本益比河流圖（見圖表 4-5），當時貿聯股價剛漲至一年來新高，價格雖然還在合理區間，但潛在報酬卻已縮小至 5%以內，保守的投資人就可以將此當作賣出點，獲利了結出場。

圖表 4-5 貿聯-KY 2016～2019本益比河流圖

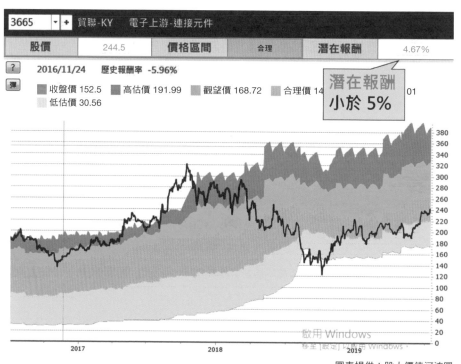

圖表提供：股人價值河流圖

2. 根據股性

依據河流圖的視覺驗證，找出股價下跌機率偏高的區間，做為賣出區間參考。比如台化（1326），當價格碰到偏低區間時，上漲機率與幅度較大，但當價格位於高估區間時，就要特別小心（見圖表 4-6 中箭頭處），因此可以把高估區間做為一個昂貴賣出點。

圖表 4-6　台化 2014～2019股價淨值比河流圖

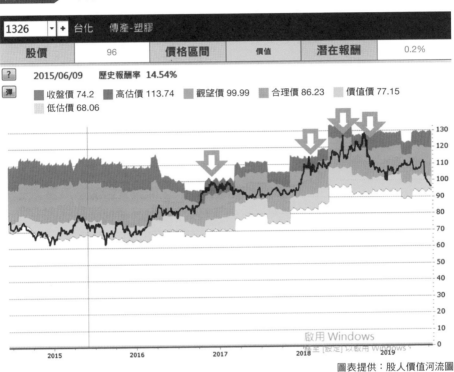

圖表提供：股人價值河流圖

3. 市場出現更好的投資機會

假設股票價格都沒有動靜，可以每季檢視一次，尋找市場更具投資
價值的標的，對手中持股進行健康合理的轉換。

4. 損失達 20%，檢查六步驟是否發生改變

停損不一定是 20%，依據個人對風險的承受程度而定，但盡量不小
於 10%，否則容易進進出出。股票不會因你買入而上漲，市場也不會在
意你的成本，下跌是股市的日常。**當損失達停損標準時，要檢視當初進
場的理由是否已發生改變，也就是當初的選股標準是否已發生改變，**或
原先已知的重大企業風險發生，足以改變企業的獲利結構或市場競爭

力。如果當初進場的理由已經不存在，就可以考慮停損出場。但我個人的出場條件還包括質性判斷，若認為企業仍有其競爭優勢，就會繼續持有甚至加碼，除非產業前景或公司狀況真的面臨嚴重的衰退，否則在正常情況下，我不常停損。

4-5

我用大盤河流圖做資金控管，成功度過兩次股災

上漲時累積現金，下跌時累積股票

從 2017 年初開始，各大財經網路媒體，就不斷以「台股萬點」為題下標，包括：「台股逼近萬點，要崩盤了」、「台股上萬點，即將泡沫化」、「台股跌破萬點，四大基金千億銀彈救市」，耳濡目染之下，親朋好友、街坊鄰居，甚至連小吃店老闆也都議論紛紛，「台股萬點」這個數據突然變得事關重大。但萬不萬點，真的有那麼重要嗎？台股在 2020 年 3 月之前，維持 34 個月的萬點附近行情，創下史上最長，如果當時人們一直覺得萬點要崩盤，也就錯過不少投資機會，更大大浪費時間成本。

但相對地，人們也害怕，如果真的崩盤該怎麼辦？投資人為了放大投資效益，多數用 7～8 成的資金在做投資，這就代表如果遭遇股災，可能只剩 2～3 成的資金可以再加碼。雖然長期來說，股市最後還是會上漲，但套牢卻有時間成本，對於一般退休族或家庭主婦，要再增加主動收入也不容易，時常只用一筆老本在做投資。

由此可知，其實大家擔心的不是崩盤，而是沒有現金在崩盤時加碼。俗話說「上漲時累積現金，下跌時累積股票」，如果上漲時不換取現金，那下跌時就沒現金可累積股票，因此我們得出一個簡單的結論：**「崩盤不可怕，崩盤時沒有現金才可怕」**，懂得如何在上漲時換取現金

至關重大。這也帶出一個重要的投資觀念，那就是整體投資部位的「資金控管」。

系統風險來臨時，好股票壞股票都會下跌，因為恐慌，使得人們紛紛在股市擠兌，賣股換取現金成了崩盤的加速器。但崩盤何時來臨，沒有人能準確預測，我們能做的就是事前預防，做好資金控管。但該如何做？股價上漲時就賣嗎？當然不是，而是**在股價昂貴的時候，多換取一點現金，便宜的時候才能有錢再加碼。當中關鍵仍然在於如何衡量市場的便宜與昂貴。**

昂貴相當脆弱，預防勝於預測

便宜不代表一定會漲、昂貴也不代表一定會跌，但昂貴本身卻是非常脆弱的。股價之所以昂貴，是因為背後有著較高的市場預期做支撐，換言之，市場預期未來有較高的成長力，因此給予較高的股價。俗話說沒有期待就沒有傷害，因此**當成長不如預期時，反應通常非常劇烈，此時的股價非常敏感，只要有個風吹草動就會大幅下跌。**

好比台灣人喜歡排隊，專找網紅小店，除了要花時間等待外，價格還不斐，因此理當會有很高的期待，然而這些網紅小店卻經常讓人失望，儘管並不難吃，但實在不值得花時間排隊，由於這股「落差感」，失望的你還可能上網去給店家留負評。

昂貴的時候，要懂得獲利了結或分批減碼，才能隨時保持資金彈性，畢竟並非所有投資人都有雄厚的資金，可以不斷向下加碼，往往僅有一筆有限的資金，若策略不慎，可能一場股災就讓自己過去 5-6 年的投資成果通通消失。更令人沮喪的是，股災過後出現一堆便宜的好公司，投資人卻只能乾瞪眼，資金全都因虧損而被套牢了。

大盤也有河流圖，用這招來做資金控管

有什麼方法可以知道台股現在貴不貴呢？便宜與昂貴都是相對的，

不能只看絕對的價格。市場常有人說：「萬點已經太高了，現在買股票很危險」，在 1990～2018 的將近 30 年裡，只出現過 4 次萬點行情，大盤指數總在 4000～11000 之間起起伏伏，光看價格，萬點的確是處於歷史高點。但萬點真的就危險嗎？**會有這樣的迷思，除了是對大盤指數的編制不了解外，還隱含著一件事：人們只用價格來判斷昂貴與否。**

舉幾個例子，20 年前一碗陽春麵賣 15 元，20 年後如果一碗陽春麵還是賣 15 元，考慮成本與時代背景後，你會覺得兩者價格一樣貴嗎？現在一碗賣 15 元，簡直佛系餐館。同樣都是咖啡，假設價格都是 100 元，7-11 與星巴克，考慮品牌價值，兩者對你來說一樣貴嗎？顯然在看價格時，還必須考慮背後的價值，才能斷定昂貴或便宜。那有可以衡量台股大盤的價值指標嗎？當然有。**台股到底貴不貴，要把企業基本面也考慮進來**，此時就必須認識一個關鍵指標：「大盤股價淨值比」。

大盤股價淨值比 = 整體上市台股市值 ÷ 整體上市台股帳面價值

這個指標用來衡量「企業市值」與「企業帳面價值」之間的倍數，也可用來判斷市場昂貴與否，通常是與歷史相較。以下我們看看幾個數據事實：2007 年與 2018 年，台股大盤同為 9700 點上下，但 2007 年台股淨值僅有 12 兆；2018 年台股淨值卻有 24 兆，相同指數價格，2018 年企業淨值高出將近 2 倍，2007 年股價淨值比為 2.3，2018 年現在只有 1.5。

由此可知，股市昂貴不昂貴，不能只看價格，還要看企業整體淨值。雖說市場情緒面也會影響短期的股價，但長期來說，股價不會偏離其價值太遠。學會看這個指標，一般人也能做好資金控管。**大盤的股價淨值比，也可以用價值河流圖呈現，並根據相對價格區間，判別整體市場的基本面走勢與昂貴或便宜程度。**

公式：根據第 2-4 小節的股價淨值比評價法，抓出整體台股市值與

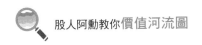

股東權益（淨值）

計算過去 10 年的倍數區間：

股價淨值比最小值

股價淨值比偏低值

股價淨值比中位數

股價淨值比偏高值

股價淨值比最大值

價格區間：

低估價＝市場權益 × 股價淨值比最小值

偏低價＝市場權益 × 股價淨值比偏低值

合理價＝市場權益 × 股價淨值比中位數

偏高價＝市場權益 × 股價淨值比偏高值

高估價＝市場權益 × 股價淨值比最大值

將上述五個價格的歷史走勢圖連起來，就形成了「大盤的價值河流圖」。我會根據股性判別其合理買賣區間，去做整體的資金水位調整。

整體資金控管建議（見圖表 4-7）：

高估區間以上：現金 75％～100％、股票 0％～25％

合理區間－偏高區間：現金 25～50％、股票 50～75％

偏低區間以下：現金 0％、股票 100％

做好資金控管，成功躲過 2020 大股災

2020 最大的事件莫過於冠狀疫情的爆發，早前市場普遍認為疫情過了就沒事，股市只會稍微調整而已，是低點加碼的好機會，而根本沒有

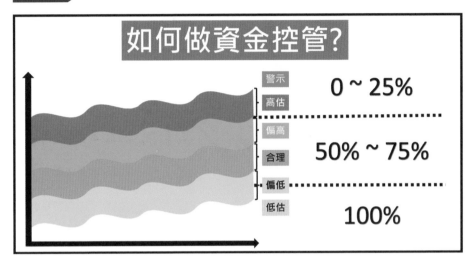

圖表 4-7　　整體資金控管建議示意圖

人猜到疫情會擴散，甚至引起股市大崩跌，還有人認為恐慌就該貪婪，應該一直加碼一直加碼，加到最後帳面虧損高達 40～50％。

　　崩跌時，市場會拋售價值，投資人此時此刻只想要「現金」，再便宜的好公司也會下跌，甚至連一些避險工具也都逃不過下跌的命運（債券、黃金），此時比起預測股市會不會崩跌？轉折點又會在哪裡？怎麼做避險？倒不如做好資金控管。

　　在疫情引發恐慌崩跌時，其實股票市場就已經相當昂貴了。如前述所說，昂貴不一定會下跌，但昂貴背後是相當高的市場預期，期待越高、傷害就越大，冠狀病毒是壓倒這脆弱股價的最後一根稻草，但也可能是其他潛在風險因子，比如中美科技戰、5G 泡沫化與香港政治動盪，這些都可能是造成股市崩跌的候選人，但究竟會是誰沒人知道。

　　見圖表 4-8，**依照過去 20 年資料顯示，大盤指數只要碰到河流圖的高估區間，都代表非常昂貴**，後續總會出現不小的系統性下跌，好比 2000 年的網路泡沫、2008 年的金融海嘯、2011 年的歐債危機、2015 年的黑天鵝、2018 年的中美貿易戰與 2020 年的冠狀肺炎，屢試不爽，準

圖表 4-8　　1999～2020大盤價值河流圖

現在價格	低估價	偏低價	合理價	偏高價	高估價
11,621	8,393	10,394	10,846	11,300	12,848

昂貴相當脆弱

台股大盤_價值河流圖

偏低區間　合理區間　偏高區間　高估區間　收盤價

2000 年 網路泡沫
跌 6500 點，-64%

2008 年 金融海嘯
跌 5000 點，-54%

2011 年 歐債危機
跌 2300 點，-25%

2015 年 黑天鵝
跌 2200 點，-22%

2018 年 中美貿易戰
跌 1500 點，-14%

2020 年 冠狀肺炎
跌 3300 點，-27.5%

確率幾乎百分之百，投資人應該在指數價格位於高估區間時，換取更多的現金；偏低區間則屬於相對便宜的水位，只要懂得用大盤河流圖來做資金控管，當別人因疫情在恐慌停損時，你反而是滿手現金等著看好戲，並伺機而動撿好股。當然這也幫助我成功渡過近兩次的股災。

NOTE

Chapter **5**

實戰教室：如何抓準
4 類股票的買賣時機

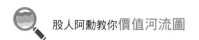
5-1

投資不恐慌的第一步，
從培養自己的能力圈開始

能力圈內投資

　　每年都有不少汲汲營營的新手，懷抱著發財的夢想進入股市淘金，試圖找一個恆久不敗的獲利方法，也就是傳說中投資的「聖盃」，以實現遠大的致富理想。但現實中，穩賺不賠、保證獲利的標語，更多是吸金集團、投機講師用來引君入甕的口號，越是抱著貪婪與僥倖的心態，就越容易掉入陷阱，淪為股市中的待宰羔羊。就連赫赫有名的國際投資大師，也沒人敢說自己是最強的，甚至是主張自己的方法才是王道。大師之所以成為大師，不是樣樣精通，面面俱到，而是能專注在特定領域內，並表現得異常傑出而已。

　　「能力圈」這概念始於股神巴菲特，為現代價值投資人堅守的最重要原則之一，股神曾在股東會與致股東的報告書中提及：

　　「你不需要成為每家公司的專家，甚至不需要很多家，你只需要能夠評估你能力範圍內的公司。」

　　「能力圈的大小不是關鍵，而了解它的邊界則至關重要。」

　　「對大多數投資者來說，重要的不是他們知道多少，而是他們能在多大程度上認識到自己不懂什麼。」

透過上述三句經典名言，我們得知巴菲特的能力圈理論是，**每個人應該專注在自己的知識邊界，針對最熟悉的領域來投資，不要覺得自己無所不能。**要做好投資其實不需要懂很多，只要了解自己不擅長什麼，以及擅長些什麼，針對讓你感到安心的領域去做投資，會感到恐慌的領域則不要輕易涉足。簡單來說就是：「不懂不要買，難懂也不要買；如果真的想買，請用心了解你所選擇的投資標的。」

舒適圈外學習

雖說「不懂不要買」，要買就要懂，但也不能懂得太少吧？這樣不僅無法做好投資，風險還會過度集中，就連提倡專注能力圈的巴菲特，其掌管的波克夏公司也持股約 30 檔股票。此時就要到「舒適圈」外去學習，才能逐步擴大能力圈，不至於知識匱乏。

舒適圈始於心理學裡的一個概念，指的是所有人都活在一個無形的圈內，圈裡有自己熟悉的人事物，從事駕輕就熟的事。一旦踏出這個圈，面對陌生人、事、環境的挑戰，會因缺乏安全感而感覺不舒適，自然想退回到舒適圈內。假使我們不刻意跨出自己的舒適圈，讓自己有機會挑戰不擅長的事，自身的發展就會受限，甚至原地踏步。

「跨出舒適圈，不是踏進恐慌圈。」舒適圈外學習，指的是挑戰不擅長但可學習的成長領域，並非接觸會讓自己感到恐慌的危險領域。**日常只需要花一些時間慢慢累積，逐步增加自身的知識，就能漸漸擴大能力圈，此時投資才算正式啟航。**以下是給一般人的建議範圍。

- **能力圈：擅長的領域**
電信、零售、食品、交通、金融等民生產業。
- **成長圈：不擅長的領域**
汽車、鋼鐵、航運、塑化、水泥等傳統產業，以及看得懂的科技股。

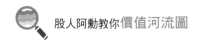

• 恐慌圈：感到嚴重挫敗

在意消息、新聞、熱門股、題材股、概念股、飆股，想抓到每一檔會漲的股票。

如果看到這裡，你仍覺得投資好困難，不想學習，只想躺在床上，也沒關係。即使不靠投資賺錢，只要上班努力工作、不亂花錢，生活還是能穩穩過。萬一真的認為自己不適合投資，提早退出也是件好事。最可怕的是誤以為即使不懂，也能輕易投資致富，有這種心態的人多半會成為騙子下手的對象，淪陷到連自己都無法掌控的恐慌圈。

六步驟培養能力圈

一般人可能認為，要增加投資的知識，就是大量吸取各方面資訊，包含產業報告、總經研究、年報、法說會、週刊、文章、書籍、新聞、財經節目，但在資訊爆炸的時代，這樣做反而適得其反，浪費不少時間在無用的資訊上，大大降低學習的效率。

學習要搭配「目標」與「興趣」。有一種學習方式非常適合價值投資人，就是「興趣導向」的「目標式學習」，由下而上去做分析。具體作法是**先選定有興趣的公司，再向上延伸了解它的產業鏈、總經環境，並將過程中的想法與重點記下，有系統的整理起來**。接著練習「用講的」，描述出公司的營運狀況與投資價值，最後再找個對象，嘗試用5分鐘讓他理解這間公司，如果對方也能進入狀況，那就算大功告成了。這樣的流程能大大提升投資學習的效果，也能確實的「內化」資訊。以下用六個步驟，歸納出適合一般人的培養流程：

• 第一步驟：規劃時間

每週空出固定時間，例如專注 45 分鐘。

- **第二步驟：目標學習**

選擇自身有興趣的股票，專注去研究。

- **第三步驟：由下而上**

認識股票涉及的供應鏈、產業知識。

- **第四步驟：寫下想法**

拿起紙筆，將過程中的想法與重點記下。

- **第五步驟：練習描述**

試著對人敘述自己想法，或錄音給自己聽。

- **第六步驟：與人討論**

找到能與你一起討論投資想法的人。

事前用心，事後放心。當投資人能完整描述所投資的公司時，才能做到真正意義上的投資，但切記「研究不是為了馬上買，而是知道什麼該買、什麼不該買、何時才能買、何時就要賣」。做足功課的前提下，只要機會來臨時，照著劇本演出即可，投資就會變得輕鬆自在。

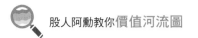

5-2 好股票也會表現不佳！鎖定 5 種「高勝率轉機股」

　　不知道大家念書時有沒有這種經驗，走在校園內，恰巧看見一群女大生迎面走來，此時你的目光會放在哪裡呢？八九不離十，肯定是外型最亮麗的那位女孩吧？但下個瞬間就會意識到，這種女神一定很多人追，自己還是算了吧（這樣形容是為了讓讀者好懂）。

　　如果把亮麗的女孩形容成績優公司，這種公司通常都不太便宜，因為財報數據實在太漂亮了，高權益報酬率、低負債比率、營收蒸蒸日上、三率三升（毛利率、營益率、淨利率）、越發越多的股利，幾乎所有財務比率都非常優秀，早就是眾多投資人密切關注的標的。價格通常貴得讓人難以置信，買入後還會出現不漲反跌的現象。

　　由此可知，好公司除非出現一些危機，讓人們不理性的拋售，否則價格很難被低估。但並非出現危機就是好時機，如何分辨「真危機」與「假危機」才是關鍵。以下整理出五種類型的股票，教投資人如何判別危機轉機股：

題材退燒股

　　這類型股票通常有著非常強勁的市場需求，機構法人會帶頭瘋買，使股價一路飆高，造成一股題材旋風。但此時只要需求退燒，就會釀成一股恐慌賣壓，機構本身是題材的製造者，而市場有一群「以機構為

尊」的散戶，會跟著機構屁股後面搶買。一旦議題降溫，機構就會率先獲利了結，降低其持股水位，散戶見狀也會趕緊賣股，深怕成為最後一個墊背的，導致反應過度，股價超跌。

面對這種現象，投資人必須將眼光放長遠，**只要公司仍舊表現不俗，在這個時間點買股，通常都會有不錯的報酬表現，因為價格相對便宜，且長期需求仍在**。例如：之前的比特幣熱潮——微星科技（2377，見圖表 5-1）、微軟題材股——義隆（2458，見圖表 5-2）。

成長不如預期，但仍舊成長

這類型股票通常是成長股，也是長時間的產業發展趨勢，通常只要成長不如預期，就會伴隨大量的拋售。成長股非常容易得到關注，同時也具備大眾行銷性質，受到不少名嘴吹捧。但只要成長不如預期，市場

圖表 5-1 微星2016～2019本益比河流圖

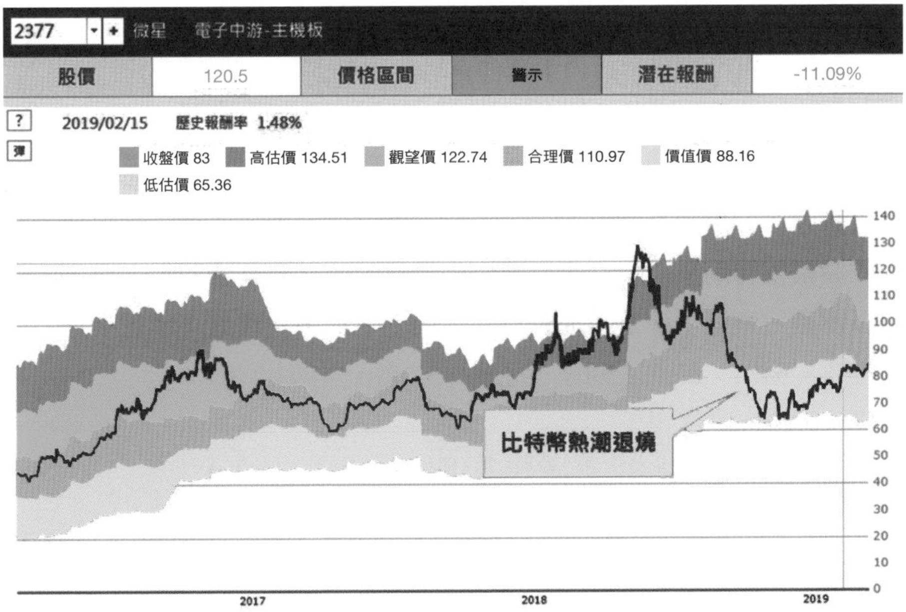

圖表提供：股人價值河流圖

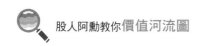

圖表 5-2 義隆2016～2019本益比河流圖

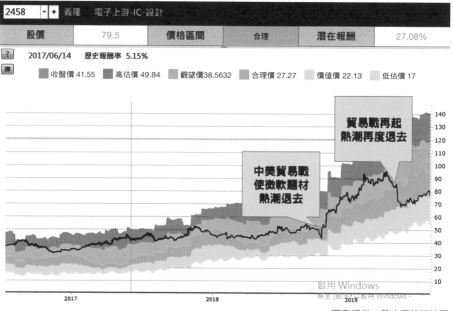

圖表提供：股人價值河流圖

的關注就會馬上轉移，改追求其他更具成長的題材股。

　　人人都熱愛成長股，渴望成長帶來的大幅上漲，但是有些人沒有相對應的長期思維，只要看到成長變慢，股價反應下跌，就會忐忑不安、恐慌賣股，而這正是價值投資人進場撿便宜的時機。不過，**面對這種類型的股票要特別小心，必須用更大的潛在報酬（安全邊際）去買入，也要區別是「衰退」還是「成長不如預期」，如果是後者，就是不錯的投資機會。**例如：寶雅（5904，見圖表5-3）。

遭遇系統性下跌的績優權值股

　　這算是勝率相當高的類型。系統風險來臨時，一定都是權值股首當其衝，但對於權值股來說，要跌到價值以下基本上是非常困難的事情，因為股本較大，且股東多數是機構法人與長期投資人，因此股價只會在

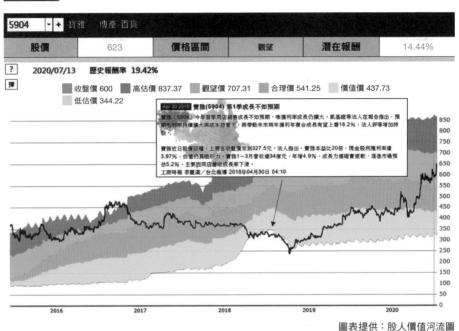

圖表 5-3　寶雅2014～2019本益比河流圖

圖表提供：股人價值河流圖

一個價值區間內來回。**此時只要觀察股性，挑選相對合理的價格進場撿便宜，通常不會令我們失望。**例如：台積電（2330，見圖表 5-4）、中華電信（2412）、南亞（1303，見圖表 5-5）、中鋼（2002）。

連年成長，突然負成長

好公司也會有幾年出現盈餘轉弱。過去盈餘不斷上升，今年卻突然出現下滑，此時要判別原因。**假使是具有護城河優勢的公司，就會是不錯的買進時機，畢竟資優生也會有狀況差的時候，但長期來說只要優勢還在，獲利表現終究會回穩，價格便會持續往上。**例如：櫻花（9911，見圖表 5-6）。

圖表 5-4 ▶ 台積電2009～2019本益比河流圖

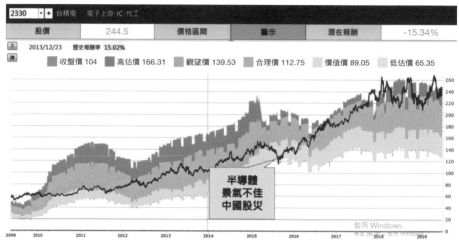

圖表提供：股人價值河流圖

圖表 5-5 ▶ 南亞2009～2019股價淨值比河流圖

圖表提供：股人價值河流圖

圖表 5-6　櫻花2011～2019本益比河流圖與2008～2018每股盈餘一覽

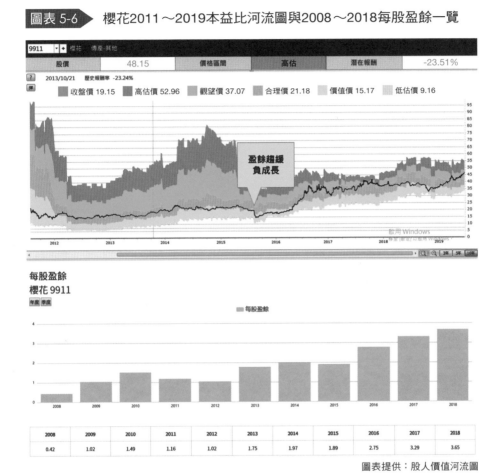

圖表提供：股人價值河流圖

沉寂的景氣循環股

景氣循環股會深受原料波動影響，但原料是一種均值回歸的商品，
所以**景氣循環股反而要在盈餘表現良好的時候賣，表現不好的時候買**。
例如：汽車零組件的東陽（1319，見圖表5-7）。

這五種股票都符合危機入市的概念，但究竟是地雷股還是轉機股？
這是大家感到恐慌的原因，而會恐慌是因為知道得還不夠多，只有「用

圖表 5-7　東陽2009～2019股價淨值比河流圖與2008～2018每股盈餘一覽

圖表提供：股人價值河流圖

心」持續累積自己的知識，更加了解公司後，恐慌才會隨之減少。**中長
期來說，只要基本面持續上升，內在價值持續往上，股價就不會一蹶不
振**，如果自認屬於天生容易緊張的個性，那就簡單點，選擇護城河深厚
的股票就好，下跌也比較不會受到自己的情緒影響。

5-3

操作「景氣循環股」賺價差，該怎麼注意循環週期？

判斷景氣循環股

　　景氣循環的明確定義，是指那些受「供」與「需」變動劇烈的產業。與整體經濟景氣循環不同，每個產業甚至每檔個股，都有屬於自己的景氣循環，雖然幾乎所有股票都會受到全球景氣影響，但影響程度有高低之分、影響的變數也有所不同。所謂的景氣循環股，是指公司的營運狀況，供給不穩定、需求也不穩定，獲利時好時壞，且與景氣好壞高度相關。在 2-4 我們已提過，可透過「產業類別」去做第一層的判斷，如煉鋁、鋼鐵、造紙、汽車、化工、航空等產業。

　　但準確一點，還是要打開財報去仔細探究原因，檢視公司榮枯因素。通常我會透過 4 道程序去確認：

第一步驟、打開年報找原因

　　光就產業去判斷景氣循環股，會有些偏誤。因為有些公司的優勢能蓋過景氣的影響，而有些企業明明不是景氣循環產業，卻又深受景氣影響。因此這方面其實沒有絕對，投資人還是要打開股東會年報，查詢公司的獲利下滑原因。在查詢的時候，有一點要特別留意，就是**千萬別誤認「衰退」為循環**。營收與獲利長期下滑的企業，原因並非是景氣循環，而是正在歷經衰退，通常是競爭力落後，或是被新產業給取代。**如**

果是受到原料因素影響，獲利雖會時高時低，但自由現金流量仍有一定水準，這才是適合做價差的景氣循環股。

以下舉台泥（1101）為例，其致股東報告書中明確提及：「水泥價格對其獲利與營收造成的影響，其大宗原料包含：水泥、熟料、預拌混凝土」；而在營運概況內容裡，可找到原料供應狀況，其中也包含公司的主要原料。由此可知，我們能透過股東會年報，知曉有哪些原料，會大大影響台泥的獲利（見圖表 5-8）。

圖表 5-8 節錄台泥致股東報告書內容

5.2.3 主要原料之供應狀況

5.2.3.1 水泥部門

水泥生產主要原料包含石灰石、黏土、矽砂、鐵渣與石膏；輔助燃料為煤炭。其中石灰石自產自用也與國內廠商訂立長期合約供應，黏土和矽砂係與國內廠商訂立長期合約供應，石膏、低鹼砂與鐵砂均向國內、外優良供應商採購，台灣地區煤炭主要從澳洲、俄羅斯進口，係以長短期合約或現貨招標方式辦理，大陸地區煤炭主要來自大陸本地煤。
各供應商均以低於市場指標價格穩定供應本公司所需原料。

5.2.3.2 化工部門

化工產品主要原料有苯、丙烯、正丁烷、異丙苯;苯、丙烯與國內廠商皆訂立長期合約供應，少部分由國外進口，正丁烷係全數國內採購並訂立長期合約供應，異丙苯自產居多，少部分由日本或其他國家廠商供應。

第二步驟、查詢原物料指數

接著去查詢相對應的原料價格走勢。我們可藉由「原物料總表」這個網站來查詢（http：//just2.entrust.com.tw/z/ze/zeq/zeq.djhtm），或者看財經 M 平方原物料觀測站（https：//www.macromicro.me/raw-materials）來查詢原物料指數。這些資料非常容易在網上取得。圖表 5-9 為原物料觀測站中擷取的水泥價格指數資訊，透過這張原料價格趨勢圖可得知，水泥在 2014 年起，價格由高至低，向下跌落，直到 2017 年才開始回穩，並在 2018 年達到歷年新高。

第三步驟、比照公司獲利能力

接著，我們比對原物料走勢與該公司的盈餘走勢，確認兩者的關聯性。

圖表 5-9 ▶ 2014～2020年中國水泥指數

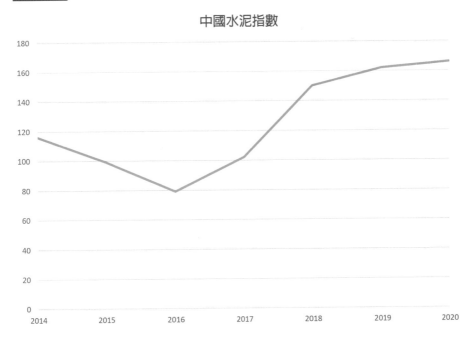

中國水泥指數

2014 年：指數 118 vs 盈餘 2.9 元

2015 年：指數 100 vs 盈餘 1.5 元

2016 年：指數 80 vs 盈餘 1.7 元

2017 年：指數 100 vs 盈餘 1.8 元

2018 年：指數 150 vs 盈餘 4.4 元

透過上面我們得知，當水泥價格指數越高時，台泥的獲利就會越好（見圖表 5-9），但為什麼原料價格走勢會影響台泥獲利呢？原料價格上升會讓成本上升，這時獲利不是應該減少嗎？這是一般人的直覺邏輯，但現實狀況沒有那麼單純。因為企業有「存貨」的概念，且下游廠商會有預期心理，因此正確關係應該如下：

● 對毛利影響

水泥高檔下跌→因為積存過高的水泥價格而受到跌價損失→企業毛利下滑。

水泥低點上漲→因為積存的水泥價格較低而受到漲價利得→企業毛利上升。

● 對營收影響

水泥高檔下跌→下游廠商預期價格之後會更低，先觀望不買→企業營收下滑。

水泥低點上漲→下游廠商預期價格之後會更高，搶先買起來→企業營收上升。

● 對股價影響

水泥價格下跌→企業營收下滑→存貨價跌利損→獲利下跌→股價暴跌。

圖表 5-10　台泥2001～2019每股盈餘一覽

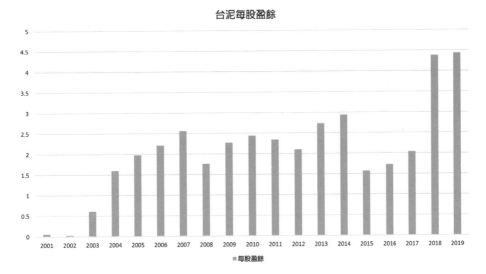

水泥價格上升→企業營收上升→存貨價漲利得→獲利上升→股價上升。

第四步驟、找出循環週期

確立公司與原料的走勢後，有兩種方法能粗估出循環週期，避免被套在最高點（見圖表 5-10）。

1. 找出原物料的歷史走勢圖，判斷其高低點。

2. 抓出公司盈餘的歷史走勢，判斷其週期。

2002 年起：上升 5 年

2007 年起：下滑 1 年

2008 年起：上升 2 年

2010 年起：下滑 2 年

2012 年起：上升 2 年

2014 年起：下滑 1 年

2015 年起：上升 3 年

水泥在 2019 時，因為中國政策因素，執行錯峰生產，再加上環保標準日趨嚴格，在供給減少，需求不變的情況下，價格就會上升。原料就如同鐘擺理論，會在一個均值上下擺動，如果太極端往一個方向前進，就會有一個引力將其拉回，這也是「均值回歸」的概念。2019 年水泥價格已經相當高了，雖然可能會再高，但預防勝於預測，畢竟如果水泥接著下跌，最少也要套牢 1～2 年。

由此可知，水泥業景氣擴張期約為 2～5 年，緊縮期約為 1～2 年，原物料價格通常下滑得很快，但回升卻需要很久。因此**景氣循環股，千萬不能買在景氣最好的時候，反而要在緊縮時佈局。**

景氣循環股，賺「價差」最適合

聽到價差，很多人都會坐不住想跳腳，他們認為買低賣高就是投機、賺價差就是賺別人的錢，根本不是投資。其實這些理論滿令人摸不著頭緒的，舉個例子好了，0050 平均殖利率 4％，但 0050 年化報酬卻有 8％，所以另外 4％是突然冒出來的嗎？再者沒有填權息，領股利除了降低成本，也降低價格，根本無法有實質獲利。這個真理連巴菲特都無法否定，況且美股殖利率僅 2～3％，巴菲特的波克夏投資公司卻長期有 15％～20％的績效，難道都是股利嗎？

其實獲利的根本來源在於「成本」與「市價」之間的差距，也就是「價差」，或稱為「資本利得」。領股息成本降低同時，市價必須在後續上漲，投資才能獲利，而價格要上漲，必須要有獲利持續推升撐腰。**因此區別投資與投機的差異，並非賺價差或領股息，而是在於心態與邏輯。**對自己的投資風險有「認知」，在自己的「能力圈」去做投資，並「用心」了解自己投資的公司，這才是投資。

　　景氣循環股由於獲利時高時低，因此價格起伏也較大，並不適合長抱，較適合在景氣相對低迷的時候撿便宜，賺取波段「價差」。但不管是什麼類型的投資，都要有強而有力的邏輯與簡單高效的方法，以下是我投資景氣循環股的 4 個步驟：

步驟一、分辨真正的景氣循環股

　　這步驟要特別小心，勿把「衰退」當成「景氣循環」。我把市面上的資產分成三種，分別是成長型、平穩型與衰退型，以賺價差為目的的話，目標應該鎖定在「平穩型」的景氣循環股。

● **成長型公司：**

　　這類型資產的特性，通常**具有競爭優勢，產品走在未來趨勢上，技術領先對手好幾個季度，企業獲利能力步步高升**。針對這種股票，只需要在相對低點持續買，但不需要賣，因為**獲利持續成長的情況下，價格也會持續上漲**，長抱的獲利會更加驚人。顯然這類型公司並不屬於景氣循環股，或者說企業的景氣循環，被自身強大的競爭優勢給掩蓋過去了，因此並不適合拿來做波段價差，買進就抱著即可。例如：台積電（2330，見圖表 5-11）、邦特（4107，見圖表 5-12）等，判斷的方法也很簡單：

1. 每股盈餘持續上升。

2. 具有競爭優勢與護城河。

3. 收入穩定，較不受景氣影響。

4. 具有未來需求與成長力（要質性判斷）。

● **穩定型公司：**

　　這類型公司又可分為兩種：「景氣循環股」或「無成長股」，景氣循環股的話，**利潤率時高時低，與企業的競爭力無關，但利潤低的時候不會低到虧損的程度**，只是賺比較少而已，自由現金流量狀況不差，而

圖表 5-11　台積電2008～2018每股盈餘一覽

每股盈餘
台積電 2330

年度 | 季度

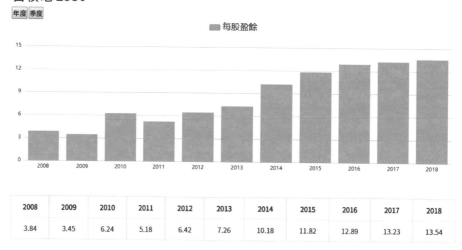

2008	2009	2010	2011	2012	2013	2014	2015	2016	2017	2018
3.84	3.45	6.24	5.18	6.42	7.26	10.18	11.82	12.89	13.23	13.54

圖表 5-12　邦特2008～2018每股盈餘一覽

每股盈餘
邦特 4107

年度 | 季度

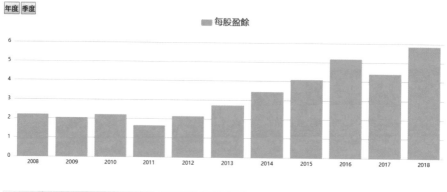

2008	2009	2010	2011	2012	2013	2014	2015	2016	2017	2018
2.19	2.03	2.2	1.64	2.13	2.71	3.43	4.07	5.17	4.39	5.84

這種股票必須「買低賣高」才能獲利，也是我們本章節的目標。例如：台泥（1101）、東陽（1319，見圖表 5-13）、壽險股（見圖表 5-14）等。

　　另一種是無成長股，通常是非常成熟的產業，產業變動很小，也不具成長力。**這類型公司適合抱著存，持續買低不賣**。但是，與其存這類型股票，我更願意存成長型公司，這一點因人而異。對大部分的退休族來說，這類成熟型的公司很討喜，因為安全性相當高。然而，這類型公司不屬於景氣循環股，不適合拿來做價差。

　　例如：金融（非壽險）股、大型績優民生股，如中華電信（2412，見圖表 5-15），普遍特徵如下所述：

1. 公司邁入成熟期。

2. 產品屬於必要需求。

3. 獲利能力變動很小。

圖表 5-13　東陽2008～2018每股盈餘一覽

每股盈餘
東陽 1319
年度｜季度

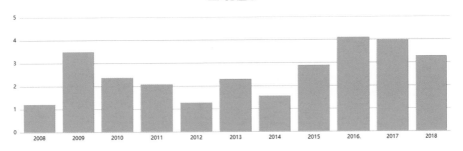

2008	2009	2010	2011	2012	2013	2014	2015	2016	2017	2018
1.19	3.48	2.35	2.06	1.25	2.28	1.54	2.87	4.08	3.96	3.26

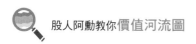

圖表 5-14 ▶ 富邦金2008～2018每股盈餘一覽

每股盈餘
富邦金 2881

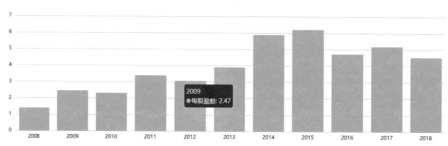

2008	2009	2010	2011	2012	2013	2014	2015	2016	2017	2018
1.41	2.47	2.33	3.39	3.07	3.9	5.89	6.21	4.73	5.19	4.52

圖表 5-15 ▶ 中華電2008～2018每股盈餘一覽

每股盈餘
中華電 2412

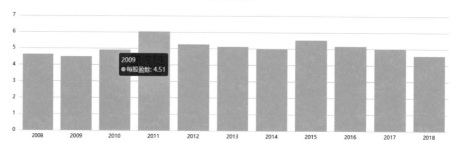

2008	2009	2010	2011	2012	2013	2014	2015	2016	2017	2018
4.64	4.51	4.91	6.04	5.26	5.12	4.98	5.52	5.16	5.01	4.58

4. 產業變化不大。

● **衰退型公司：**

不是所有盈餘不穩定的公司都是景氣循環股，有些衰退型公司盈餘也不穩定，但這種公司不只不穩定，獲利能力也長期節節敗退。這些是我絕對不會碰的股票，當然也不能將其視為景氣循環股，常有的特徵包含：

1. **產品競爭力衰退**，例如：宏達電（2498，見圖表 5-16）。
2. **產業被替代**，例如：光碟片產業（見圖表 5-17）。
3. **獲利能力差到快倒閉**，例如：太陽能。

步驟二、確認體質健康：自由現金流量為正

人體要有血液才能持續活著，而企業的血液就是現金，景氣循環影

圖表 5-16 宏達電2008～2018每股盈餘一覽

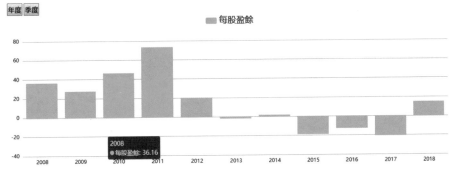

每股盈餘

宏達電 2498

2008	2009	2010	2011	2012	2013	2014	2015	2016	2017	2018
36.16	27.35	46.18	73.32	20.21	-1.6	1.8	-18.79	-12.81	-20.58	14.72

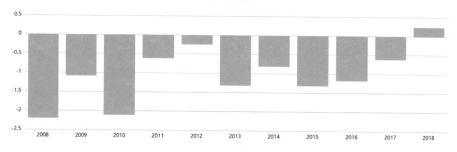

圖表 5-17 中環2008～2018每股盈餘一覽

每股盈餘
中環 2323
年度 季度

2008	2009	2010	2011	2012	2013	2014	2015	2016	2017	2018
-2.19	-1.08	-2.1	-0.61	-0.24	-1.31	-0.81	-1.31	-1.17	-0.61	0.24

響公司獲利能力沒關係，但公司要度過這低潮期，必須有足夠的「銀彈」，這裡的銀彈就是指「自由現金流量」。有經營過企業的人就知道，有現金的公司不一定能賺錢，但有現金的公司是倒不了的，通常是負債比率過高或固定成本太高，現金不夠燒，導致最後企業窒息破產。**因此我們要避開自由現金流量長期為負的企業，畢竟景氣循環股雖然適合「買低賣高」，但總不能買低，然後低到下市吧。**舉台泥（1101，見圖表 5-18）為例子，雖然是景氣循環股，但自由現金流量仍算健康。

舉另一家企業（圖表5-19）為反例。自由現金流量長期為負，虧到沒有錢是非常危險的事情，這也代表沒有多餘的資金燒研發拚轉型。

步驟三、淨值要逐步上升

其實公司賺多賺少都可以，但不要虧。市面上許多人流傳：「景氣循環股想要買低賣高，必須買在高本益比，爾後賣在低本益比」，因為

台泥自由現金流示意圖

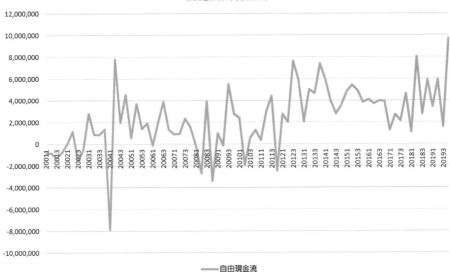

台泥自由現金流

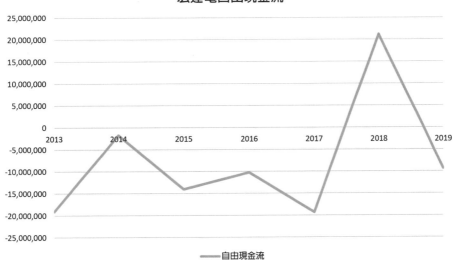 宏達電自由現金流示意圖

宏達電自由現金流

盈餘很低時，本益比會因為分母縮小而變得很高。但我覺得這樣很危險，非常容易套牢。為什麼？**因為高本益比可能是高在價格，畢竟市場總是對於熱門股給予很高的市場預期，如果「價格漲幅」大於「盈餘漲幅」，也會形成高本益比**，此時投資人如果按照市場謠傳的「反本益比」投資法，在高本益比時買進景氣循環股，就會百分之百被套牢。因此用「反本益比」去判斷景氣循環股的進場時機，是非常危險且有瑕疵的。

景氣循環股，看淨值比看盈餘好。只要不虧錢，淨值就會慢慢往上（圖表5-20），淨值與盈餘相比起伏較小，因為淨值看的是成立至今的累積，盈餘則是看過去12個月的獲利。基本上盈餘會慢慢流向淨值，因此**景氣循環企業賺多賺少都沒關係，只要有賺就可以了。如果因景氣緊縮而虧損，那表示公司本身也很有問題，應該要避開才是。**

圖表 5-20 ▶ 台泥2008～2018每股淨值一覽

每股淨值
台泥1101

年度 季度

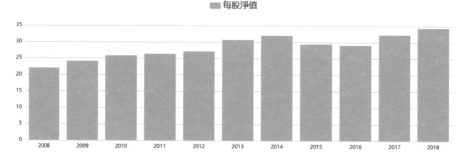

2008	2009	2010	2011	2012	2013	2014	2015	2016	2017	2018
21.88	24.03	25.71	26.21	27.03	30.63	31.95	29.26	28.92	32.11	34.2

步驟四、使用股價淨值比河流圖，判斷買賣區間

確認完上述三個步驟後，該怎麼投資？回歸第四篇的投資方法，並搭配股價淨值比河流圖來進一步做視覺驗證。

1. 鎖定目標：績優公司＋價格便宜＋上漲潛力
2. 了解公司：公司的 10 件事情
3. 追蹤進場：關注度、籌碼力道、內部持股
4. 股價淨值比河流圖：視覺驗證找出買賣區間

示範案例、汽車零組件大廠東陽（1319）

步驟一、分辨景氣循環股：東陽（1319）屬於汽車零組件產業，公司獲利會受到車市銷售影響，而車市則會受到整體景氣影響。近兩年全球面臨車市飽和與銷量下滑的情況，東陽 OEM 部門的獲利也受到不少影響，股價跟著下跌；從過去盈餘也看得出時高時低的特性（圖表 5-21），屬於標準的景氣循環股。

圖表 5-21　東陽2009～2019每股盈餘一覽

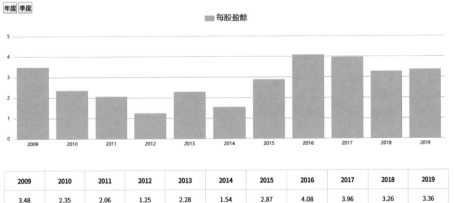

每股盈餘
東陽 1319

	2009	2010	2011	2012	2013	2014	2015	2016	2017	2018	2019
	3.48	2.35	2.06	1.25	2.28	1.54	2.87	4.08	3.96	3.26	3.36

圖表 5-22 東陽2017Q4～2020Q1自由現金流量詳情

自由現金流量(億)
東陽 1319

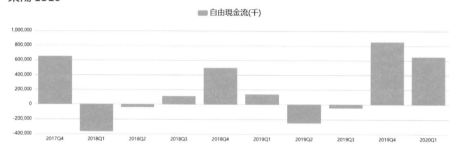

	2017Q4	2018Q1	2018Q2	2018Q3	2018Q4	2019Q1	2019Q2	2019Q3	2019Q4	2020Q1
自由現金流(億)	6.48	-3.65	-0.38	1.09	4.96	1.35	-2.50	-0.46	8.50	6.47
營業現金流(億)	16.16	7.96	11.81	12.95	14.31	11.75	10.97	11.22	18.33	11.87
投資現金流(億)	-11.24	-10.64	-7.26	-7.90	-8.89	-7.81	-8.24	-7.16	-7.41	-7.36
籌資現金流(億)	-6.86	0.50	-3.82	-4.54	-5.06	-2.09	-2.37	-6.98	-9.21	-1.99
資本支出(億)	9.68	11.61	12.20	11.85	9.35	10.40	13.47	11.67	9.83	5.40

　　步驟二、確認體質健康：見圖表 5-22，東陽自由現金流量有正有負，但不是什麼大問題，2019Q2 為負，主因為資本支出增加，屬正常投資營運狀況，自由現金流量不算優異，但也不至於缺氧窒息。

　　步驟三、淨值要逐步上升：如圖表 5-23 所示，東陽儘管獲利能力有起伏，但還是有賺錢，淨值緩緩向上，符合不虧損的最低基本要求。

　　步驟四、股價淨值比河流圖：由圖表 5-24、5-25 可看出，股價淨值比評價法更適合評價東陽，本益比河流圖完全看不出股性，並不適合用來評估東陽的買賣區間。
　　價值區間：上漲機率高
　　高估區間：下跌機率高

圖表 5-23 東陽2008～2019每股淨值一覽

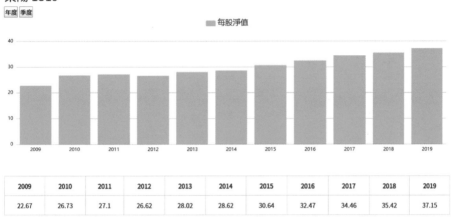

每股淨值
東陽 1319

2009	2010	2011	2012	2013	2014	2015	2016	2017	2018	2019
22.67	26.73	27.1	26.62	28.02	28.62	30.64	32.47	34.46	35.42	37.15

圖表 5-24 東陽2009～2019本益比河流圖

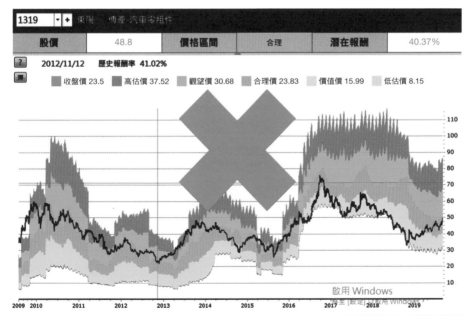

圖表提供：股人價值河流圖

223

圖表 5-25 ▶ 東陽2009～2019股價淨值比河流圖

1319	▾ + 東陽 傳產-汽車零組件				
股價	48.8	價格區間	合理	潛在報酬	14.92%

? 2011/06/20 歷史報酬率 37.53%

彈 ■ 收盤價 34.75 ■ 高估價 71.47 ■ 觀望價 56.22 ■ 合理價 40.97 ■ 價值價 28 ■ 低估價 15.04

啟用 Windows
移至 [設定] 以啟用 Windows。

圖表提供：股人價值河流圖

224

5-4

攻略 8 檔「績優龍頭股」，這樣買比抱 0050 賺更多

投資其實很簡單

投資其實不難，只要平常願意多累積，從生活中找出看過、聽過、用過、大到很難倒的龍頭公司，並徹底摸透它，爾後耐心等待便宜價，伺機分批買入，投資就會變得很簡單，既省時又安心。

或許有些人會抱怨：花了時間卻不能馬上買，好像白費力氣，但如果抱持著這種想法，反而會增加投資的難度。就好像參加大考，妄想事前知道題目，或是用猜題的方式準備考試，以為這樣平常就可以不用念書。假設學生的本分就是念書學習，那投資人的本分則是了解公司。如果忽略日常累積的價值，投資成果將會大大折扣，因此做為一個負責任的投資人，平時就要多多做功課，精進、擴大自己的能力圈。以下就用第 4 章介紹的方法，應用在 8 檔績優龍頭股上，**這些企業也是 0050 的成份股，對台灣產業有足夠的代表性，非常適合新手納入能力圈。**

統一（1216），台灣食品業龍頭

- **公司介紹：台灣市值 13 名**

台灣最大食品廠，也是龐大的控股公司。集團旗下組織業務包含食品飲料、流通與零售、其他業務等。

- **產品事業：**食品事業、便利商店事業、流通事業、包裝容器事

業、食糧事業、油品事業、製藥事業、休閒開發事業、物流事業等。

• **產品應用**：乳品與飲料為最大宗，占整體將近 60％產值，其餘皆與民生有關，包含吃的、喝的、用的。

• **哪裡生產**：台灣、中國大陸為主

• **賣到哪裡**：台灣 59％、中國 28％、其他 13％

• **企業風險**：

1. 進口原料帶動飼料價格劇烈波動。

2. 進口原料也會受匯率影響。

3. 傳統市場飽和。

4. 進入障礙低，低價競爭。

5. 國產乳源供需長期失衡。

• **企業護城河**：

規模優勢：供應商幾乎沒有議價能力，統一能用比同業低非常多的價格進貨。

• **選股三步驟（截至2019/12/29）**：

價格便宜：高估區間。

績優公司：河流向上（基本面上升）。

上漲潛力：-27.5％（低潛在報酬）。

• **河流圖檢視**（見圖表 5-26）：存股價差皆合適。其實盈餘並非相當穩定，儘管是檔民生股，但本益比河流圖看不出股性。建議使用股價淨值比河流圖，是檔在相對便宜時，可持續存的績優股。

• **買進（存股）時機**：

合理區間或偏高區間。

• **賣出（觀望）時機**：

警示區間或高估區間。

圖表 5-26　統一2009～2019本益比河流圖

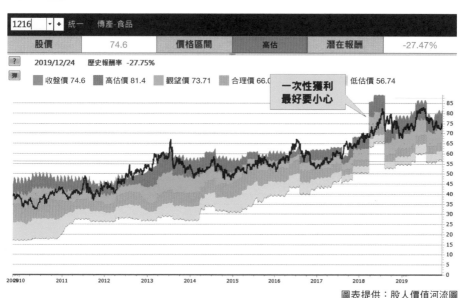

圖表提供：股人價值河流圖

台塑（1301），塑化產業居於全球重量級地位

• 公司介紹：台灣市值 7 名

　　主要經營業務為塑膠原料、塑膠加工、精密化學及纖維製品等，是台灣最大的石化集團。另轉投資及交叉持股，包括台塑化（6505）、麥寮汽電公司、台塑美國公司、南亞（1303）、台化（1326）等。

　　• **產品事業**：塑膠製品與塑膠原料，包括塑膠、紡織、石化、電子、能源、運輸、工務、生物科技、醫療、教育等領域。

　　• **產品應用**：所有塑膠製品，遍布整個台灣產業。

　　• **哪裡生產**：台灣、美國、中國大陸、越南、菲律賓及印尼都設有生產據點與營業據點。

　　• **賣到哪裡**：台灣 32.5%、中國 39%、其他 28.5%。

　　• **企業風險**：

　　1. 人力成本及運輸成本上升。

圖表 5-27　台塑2010～2020股價淨值比河流圖

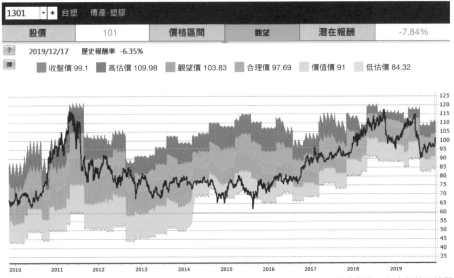

圖表提供：股人價值河流圖

2. 原油價格波動。

3. 政府環保政策。

4. 全球景氣疲弱。

5. 保護主義抬頭。

• 企業護城河：

成本優勢：台塑四寶之一，集團上下游關係密切，供貨都與集團有關，成本都較同業低。

規模優勢：進入成本高，國內國外都具有領導地位，市占率達 6～7 成非常可觀，產業地位穩固。

• 選股三步驟（截至2019/12/29）：

價格便宜：偏高區間。

績優公司：河流平穩（基本面平穩）。

上漲潛力：-7.84％（無潛在報酬）。

- **河流圖檢視**（見圖表 5-27）：存股價差皆合適。景氣循環股不適合用本益比評價法，建議使用股價淨值比河流圖觀察其價格合理性，是一檔護城河深厚的集團股，油價與景氣是影響企業獲利的關鍵因素。
- **買進（存股）時機：**
偏低區間、低估區間。
- **賣出（觀望）時機：**
高估區間、警示區間。

台積電（2330），全球半導體代工之王

- **公司介紹：台灣市值 1 名**

　　全球第一家也是全球最大的專業積體電路（IC）製造服務公司，只提供客戶專業積體電路之製造技術服務，不設計、生產或銷售自有品牌產品，不與客戶做商品之競爭；如果企業是台積電客戶，不怕它偷你技術，也不怕技術被其他公司偷走。

- **產品事業**：晶圓代工服務，包括晶圓製造、光罩製作、晶圓測試與錫鉛凸塊封裝及測試等客戶支援服務。
- **產品應用**：所有科技產品，智慧型手機占 45％、高效能運算占 32％、物聯網占 8％、消費性電子占 6％、車用電子占 5％、其他占 4％。
- **哪裡生產**：台灣、中國大陸、美國。
- **賣到哪裡**：中國 18.4％、美國 59.6％、日本 5.6％、台灣 8.2％、歐洲中東非洲 6.5％。
- **企業風險：**
1. 消費性電子飽和。
2. 貿易戰影響。
3. 全球景氣疲弱。
4. 客戶過度集中 22％ 蘋果。

圖表 5-28　台積電2009～2019本益比河流圖

圖表提供：股人價值河流圖

5. 中國崛起，半導體自助計畫競爭威脅。

• 企業護城河：

無形資產：領先同業好幾季的製程技術，使台積電總是能接到全球最新應用的訂單。

轉換成本：全球知名科技公司都指名台積電代工，除了不與客戶競爭外，代工生產流程保密，客戶不怕技術流出。

規模優勢：全球市占率達 48.1%，第二名的半導體代工才 9%，完全無法與之競爭。

• 選股三步驟（截至2019/12/29）：

價格便宜：警示區間（表示市場預期不斷創高）。

績優公司：河流平穩（基本面平穩）。

上漲潛力：-19.88%（低潛在報酬）。

• 河流圖檢視（見圖表 5-28）：長抱更加合適。台積電盈餘平穩，

適合用本益比河流圖，屬於具深厚護城河的長期成長股。此時河流圖要搭配成長股的評價方式，才能更準確看待其價值。績優成長股有一種專屬評價方式：本益報酬比，這部分會在後續章節提及。

• **買進（存股）時機：**

觀望區間以下。

• **賣出（觀望）時機：**

警示區間。

中華電信（2412），電信產業領導者占據半壟斷地位

• **公司介紹：台灣市值 4 名**

交通部電信總局營運部門改制成立，為國內電信業的龍頭，在行動通信、固網語音、網際網路市占率均居第一。

• **產品事業：** 國內固定通信 32%、行動通信 46%、網際網路 14%、國際固定通信 6%。

• **產品應用：** 市內電話、長途電話、MOD 服務、國內電路出租業務、智慧型網路（IN）、4G 行動通信服務、行動加值服務、網際資訊網路（ISP）服務、國內數據交換業務、國際電話、國際電路出租業務、國際數據交換業務、衛星通信服務。

• **營業據點：** 台灣。

• **賣到哪裡：** 台灣 95.5%、其他 4.5%。

• **企業風險：**

1. 削價競爭。

2. 電信市場相對飽和。

3. 電話業務受到免費通訊軟體威脅。

• **企業護城河：**

特許行業：國防考量＋公共財性質，中華電信的前身是電信局，雖然未來電信法將鬆綁法規，業者將採取登記制方法，但由於電信有國防

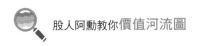

圖表 5-29 中華電2009～2019本益比河流圖

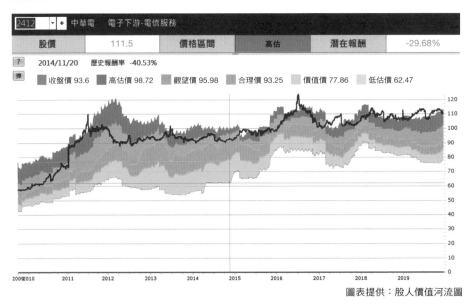

圖表提供：股人價值河流圖

考量，進入門檻依舊很高。

　　成本優勢：前身是電信總局的特殊背景，所以前期建置線路的工程是由國家做的；民營化之後，國家以很低的成本，把這些建設項目賣給中華電。

　　網絡效應：行動電話中以中華電基地台最多、涵蓋範圍最廣、市占率也最高。電話網內互打的通話費比較便宜，網外通話費則相對昂貴；這會使原本市占率就比較高的電信商形成「大者恆大」的趨勢，排擠其他新競爭者的生存空間。

　　規模經濟：電信業算是資本密集的寡占產業，新的競爭者難以進入，目前看來，也只有三家電信業者站得穩，而當中又屬中華電信市占率最高。

　　● 選股三步驟（截至2019/12/29）：

　　價格便宜：高估區間。

績優公司：河流上升（基本面上升）。

上漲潛力：-29.68％（低潛在報酬）。

• **河流圖檢視**（見圖表 5-29）：適合存股。盈餘平穩，適合用本益比河流圖，但價值要能持續推升，就必須獲利有所成長，這部分重點將擺在 5G 的相關通訊應用。

• **買進（存股）時機：**

高估區間以下。

• **賣出（觀望）時機：**

警示區間之上。

中信金（2891），完整布局的銀行業龍頭

• **公司介紹：台灣市值 12 名**

以中國信託商業銀行為主體，同時併入證券、保險、創投、信託、票券、保全與台灣彩券公司，其 ATM 數量是全台第一，信用卡數量也是全台第一，合併存款規模達 2.35 兆元，合併總資產規模高達 3 兆元，居台灣所有民營銀行之冠，2018 年 11 月，投資 LINE Bank 純網銀，持股 5％。

• **產品事業**：銀行為主，銀行 75％、人壽 25％；放款市占率為全台灣第 5～6 名，信用卡業務為 1～2 名，與國泰世華並駕齊驅。

• **產品應用**：存款、貸款、投資、消費、壽險、產險。

• **營業據點**：台灣為主，但中國大陸、印度、美國、加拿大、日本、菲律賓、印尼、泰國、新加坡、香港皆有據點。

• **賣到哪裡**：台灣 90％、亞洲 8.8％、北美洲 1.5％。

• **企業風險：**

1. FED 降息。

2. 景氣疲弱。

3. 金融科技挑戰。

圖表 5-30　中信金2009～2019股價淨值比河流圖

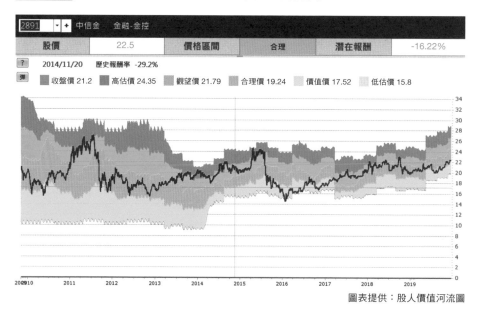

圖表提供：股人價值河流圖

- **企業護城河：**

轉換成本：現在信用卡與帳戶，都會綁定自動扣款，而且轉換程序耗時耗力，民眾不會頻繁換卡換銀行。

規模優勢：未來數位化是銀行趨勢，中信有全台灣最多的 ATM，是發展數位金融的契機，加上 LINE 的 2100 萬使用群，未來發展趨勢相當扎實。

- **選股三步驟（截至2019/12/29）：**

價格便宜：合理區間。

績優公司：河流上升（基本面上升）。

上漲潛力：-16.22%（低潛在報酬）。

- **河流圖檢視**（見圖表 5-30）：存股價差皆合適。金融股非常注重淨值大小，因此要用股價淨值比河流圖，影響其公司獲利的最大因素就是市場利率與全球景氣。

- **買進（存股）時機：**

偏低區間、低估區間。

- **賣出（少買）時機：**

偏高區間以上。

富邦金（2881），金控獲利三冠王

- **公司介紹：台灣市值 11 名**

前身為富邦保險，併入證券、人壽、行銷顧問、創投、投信，為台灣第一家上市的金融控股公司，總計營業據點超過 300 處，客戶人數突破 800 萬。2018 年取得 LINE Pay 將近 2 成的股權，並占有 2 席董事，透過合作可以取得龐大的支付數據，有利於銀行業的客群分析，進而增加相關手續費的收入。

- **產品事業：**富邦人壽獲利占富邦金控獲利比重 51.3%，其次是銀行業 20～30%。
- **產品應用：**存款、貸款、投資、消費、壽險、產險。
- **營業據點：**台灣為主，但大陸、韓國、越南、菲律賓、印尼、泰國、新加坡、香港、馬來西亞皆有營業據點。
- **賣到哪裡：**台灣 93%、亞洲 6.5%。
- **企業風險：**

1. FED 降息。

2. 景氣疲弱。

3. 金融科技挑戰。

4. 壽險投資風險。

5. 匯率風險。

- **企業護城河：**無明顯護城河。
- **選股三步驟（截至2019/12/29）：**

價格便宜：偏低區間。

圖表 5-31 ▶ 富邦金2009～2019股價淨值比河流圖

圖表提供：股人價值河流圖

績優公司：河流上升（基本面上升）。

上漲潛力：-6.46%（無潛在報酬）。

• **河流圖檢視**（見圖表 5-31）：壽險業為主的金控業，較適合價差。壽險投資績效與保單利率的利差，將大大影響其獲利水準，也算是景氣循環股的一種，由於金融產業非常注重淨值大小，因此要用股價淨值比河流圖更佳合適，關注重點就是市場利率與全球景氣。

• **買進（存股）時機：**

偏低區間、低估區間。

• **賣出（觀望）時機：**

偏高區間以上。

大立光（3008），位居手機鏡頭霸主

• **公司介紹：台灣市值 6 名**

圖表 5-32　大立光2009～2019本益比河流圖

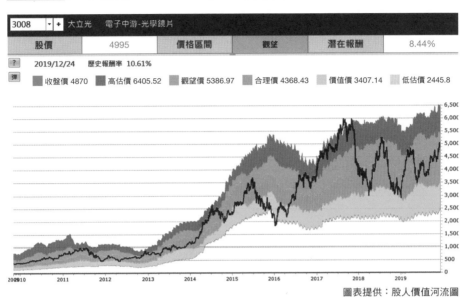

圖表提供：股人價值河流圖

　　台灣股王，全球手機鏡頭龍頭，主要生產光學鏡頭及鏡片，應用於掃瞄器、相機、多功能事務機、液晶投影機、數位相機、手機鏡頭、背投電視、DVD 讀取頭、光學滑鼠等，手機鏡頭全球市占率達 20％。

- **產品事業**：主要生產手機用塑膠鏡片。
- **哪裡生產**：台灣、中國。
- **產品應用**：手機 93％、其他電子產品 7％。
- **賣到哪裡**：中國為 57％、日本 20％、韓國 14％，蘋果為最大客戶，占其營收 20～30％。
- **企業風險**：

1. 同業競爭加劇。

2. 低階產品同質性高。

3. 過度集中單一客戶。

4. 勞力成本越來越高。

5. 貿易戰影響。

• 企業護城河：

成本優勢：生產地域在亞洲，比起日韓歐美等光學重鎮人力相對便宜很多，毛利都 50～60％。

規模優勢：全球手機鏡頭市占率 20％，比同業大的好處就是，可以要求供應鏈壓低成本。

• 選股三步驟（截至2019/12/29）：

價格便宜：偏高區間

績優公司：河流上升（基本面上升）

上漲潛力：8.44％（無潛在報酬）

• 河流圖檢視（見圖表 5-32）：價差較合適。盈餘算穩定，適用本益比河流圖，存股的話波動比較大，但長期持有，低點持續加碼，效應仍非常可觀。關注重點則是手機銷售的好壞，因為其產品應用，手機就占了 93％。

• 買進（存股）時機：

合理區間、偏低區間、低估區間。

• 賣出（少買）時機：

高估區間、警示區間。

廣達（2382），全球筆電代工市占率26％

• 公司介紹：台灣市值 26 名

主要從事筆記型電腦及通訊產品製造加工，目前為全球最大筆記型電腦代工廠商，市占率約 26％。

• 產品事業：筆記型電腦 50％、一體成型電腦 11％、雲端 35％（伺服器、平板、穿戴等）。

• 生產據點：台灣、中國。

• 產品應用：電腦產品為主，包括：伺服器、平板電腦、智慧型手

圖表 5-33　廣達2009～2019本益比河流圖

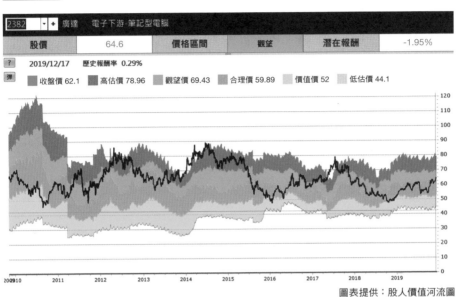

2382 ▼ +	廣達	電子下游-筆記型電腦			
股價	64.6	價格區間	觀望	潛在報酬	-1.95%

? 2019/12/17　歷史報酬率 0.29%

彈　■ 收盤價 62.1　■ 高估價 78.96　■ 觀望價 69.43　■ 合理價 59.89　■ 價值價 52　■ 低估價 44.1

圖表提供：股人價值河流圖

機、智慧手錶。

• **賣到哪裡**：美國 51％為主、中國 10.7％、日本 6.1％、荷蘭 7.4％、其他 25％。主要客戶為惠普（HP）。

• **企業風險**：

1. 同業競爭加劇。

2. 貿易戰影響。

3. 消費性電子飽和。

4. 勞力成本越來越高。

5. 匯率變動。

6. 進貨過於仰賴單一廠商。

7. 客戶訂單過度集中於 HP（57％）。

• **企業護城河**：無明顯優勢。

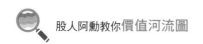

• **選股三步驟（截至2019/12/29）**：

價格便宜：偏高區間。

績優公司：河流平穩（基本面平穩）。

上漲潛力：-1.95％（無潛在報酬）。

• **河流圖檢視**（見圖表 5-33）：存股價差皆合適。盈餘穩定，適用本益比河流圖。電子產業競爭越來越激烈，因此廣達近年來將目標擺在數據經濟（Data Economics），積極開發人工智慧（AI）的創新應用，致力於轉型與多角化，並整合資源進行全球佈局。

• **買進（存股）時機**：

偏低區間、合理區間。

• **賣出（觀望）時機**：

高估區間以上。

5-5

挑選「成長股」不能只靠量化指標，而要用 4 條件

成長型價值投資

成長型投資是廣義價值投資中的一種策略，其重點是「投資未來具有高度獲利成長的公司」，即使股票價格當下並不是那麼便宜，甚至有些昂貴也沒關係，因為只要企業營收與獲利能持續上升，未來股價就會不斷攀升，因此現在的昂貴價，就會變成往後的便宜價。

成長型價值投資與傳統型價值投資兩者最大的不同，在於對價值的衡量方式。 傳統型價值投資注重「當下的價值」，也就是目前公司的股價，與其每股盈餘及每股淨值相比是否偏低。這類型公司通常享有較低的市場預期，被市場極其低估，特徵就是低本益比（P/E）與低股價淨值比（P/B），是一種安全性較高的投資策略；而成長型價值投資注重的是「未來的價值」，公司獲利能否持續成長，是其衡量投資價值的關鍵因素，這類型公司通常享有較高的市場預期，享有較高的本益比（P/E）與股價淨值比（P/B）。但這類型公司由於備受期待，因此當成長不如預期時，股價時常會雪崩式的下跌，是一種較為積極的投資策略。

乍看之下，會以為兩者之間好像存在矛盾，但其實並不衝突，因為前者討論的是現在便宜，後者討論的是未來將會相對現在便宜。成長股體現出來的高本益比（P/E）與股價淨值比（P/B），都是指當下的狀況，只要未來獲利能持續上升，當下股價就不算昂貴。

挖掘成長股，質性分析才是關鍵

說到成長型投資，有一位不得不提的投資大師，那就是被世人譽為成長型價值投資之父的費雪。他生前經營的投資公司，每年平均報酬率都在 20%以上，甚至連股神巴菲特都公開稱讚過他，並採納相關投資觀點。

費雪在 1958 年出版的《非常潛力股》一書，至今仍被譽為成長型投資的必讀聖經，費雪在書中建議投資人，**如果想找到長期具有成長力的公司，就要研究關於公司長期銷售成長、競爭優勢、管理能力、願景、研究發展、內部關係等問題**。以下是費雪的 15 個選股原則：

1. 公司的產品營業額，有沒有在幾年內大幅成長的充分市場潛力。
2. 管理階層是否決心開發新產品或製程，進一步提升總銷售潛力。
3. 和公司的營收相比，這家公司的研發努力，有多大的效果？
4. 公司有沒有高人一等的銷售組織？
5. 公司的利潤率高不高？
6. 公司做了什麼事，以維持或改善利潤率？
7. 公司的勞資和人事關係好不好？
8. 公司的高階主管關係很好嗎？
9. 公司管理階層深度夠嗎？
10. 公司的成本分析和會計紀錄做得好嗎？
11. 公司相對於競爭同業，可能多突出？
12. 公司有沒有短期或長期的盈餘展望？
13. 最好不要過度現金增資。
14. 管理階層是否報喜不報憂？
15. 管理階層的誠信正直態度是否無庸置疑？

這 15 點與我們常見的財務指標與數據分析不同，皆屬於無法被數

字衡量的要素。這種特性，讓一般人無法透過排序篩選等量化方式輕易複製，也就是它最困難的原因。

本益成長比

　　當成長股長得像成長股時，小心花錢買成長。什麼意思呢？現在許多人會以營收成長率、稅後淨利成長率、股東權益報酬率、毛利率等「量化方式」去挑選成長股，但篩選出的股票清一色是獲利表現好到不能再好的績優生，股價時常已經翻了好幾倍，顯得非常昂貴。**用「過去成長」篩選成長股的方式，很容易陷入「花錢買成長」的窘境，因為儘管企業過去獲利表現亮眼，未來獲利也預估有成長，但享有太高的市場預期，使得股價變得超乎尋常的昂貴，投資人在買入後確實享受到企業獲利成長，卻也容易遭遇到股價大跌。**

　　因此在挑選成長股時，應該避免使用過多的量化指標，必須把更多的時間與心力擺在質性方面的分析。除此之外，也需將價格合理性與未來的獲利成長力一併考慮進來，才能有機會真正參與到成長股的資本利得增長。話鋒至此，有一個指標就不得不提，那就是**本益成長比**（**Price/Earnings to Growth Ratio，PEG**），一個專屬於成長股的經典指標。

　　本益成長比PEG＝預估本益比／（預估成長率×100）

　　預估本益比PE＝當下股價預估未來12個月每股盈餘

　　預估成長率G＝（預估未來12個月EPS－已實現近12個月EPS）／已實現近 12 個月EPS

　　如無法取得機構預估值，或是機構預估值變動太大，可以參考過去一段時間的盈餘成長率，對未來進行預估，但不建議預估太遙遠的未來。以下為預估成長率的參考公式：

1. 採用機構預估（變動會比較大）。

（預估未來 12 個月 EPS － 近 12 個月 EPS）／過去 12 個月 EPS

2. 產業變動不大條件下，採用過去 n 年複合成長率。

（近 4 季累積 EPS／前 n 年近 4 季累計 EPS）^（1/n）－1

3. 根據經驗，自行預估。

這需要一些眼光與經驗，並且做足相對應的功課。

分子的預估本益比，也可參考以下這個公式：

1. 採用近12個月EPS

當下價格／〔近 12 個月 EPS ×（1＋預估成長率）〕

2. 採用近4季累計 EPS

當下價格／〔近 4 季累計 EPS ×（1＋預估成長率）〕

本益成長比最早是由英國投資大師吉姆・史萊特（Jim Slater）所提出，後來由被譽為「全球最佳基金經理」的成長型投資大師彼得・林區（Peter Lynch）發揚光大。**本益成長比**同時考慮了市場預期（預估本益比）與未來盈餘的成長性，簡單來說就是**每單位的成長力，對比多少單位的市場預期（預估本益比）**。這個指標越低，表示成長力高，市場卻沒有預期過高，此時股價就有機會被低估。參考史萊特在《祖魯法則》一書中的建議：

當 PEG 小於 0.75 時 → 價格低估

當 PEG 等於 1.00 時 → 價格合理

當 PEG 大於 1.20 時 → 價格高估

使用河流圖挑選成長股

挑選成長股，比起量化數據，更注重質性分析，但質性分析非常吃重「眼光」與「經驗」，這兩項要素並不容易被複製，同時相關資訊，

一般人也無法輕易取得。種種門檻讓整件事情執行起來，並不如想像中簡單。那一般人有機會挑選到成長股嗎？好消息是，只要「用心」且「懂得選擇」，並搭配一些方法，也並非難如登天。

　　挑選成長股先決要素是「用心」，徹底了解公司營運概況，這部分可以從 **4-2** 所教的 **10** 件大小事開始，其中的「企業護城河」尤其重要。企業護城河是鞏固或推升公司獲利的必備要素，沒有護城河保護的成長，往往只是一時的，也可能因為其他競爭者的加入，使得成長被擠壓。此時投資人就容易高估企業的價值，於是買在成長至衰退的轉折點，好比被動元件風潮、比特幣數據機熱潮，當時就有許多人把這些題材股誤認為是成長股。

　　用心以外，還必須「懂得選擇」，選擇營業項目簡單且產業變動較小的公司，例如電信、公共、金融等民生需求產業，這類型公司由於產品生命週期較長、進入門檻較高、競爭對手較少，因此成長比較容易得到延續，這些特點與科技股截然不同。

　　最後是「方法」，在前面 4-1 有提到，好的投資就是「在價格便宜時，買具有上漲潛力的績優公司」，而在成長股的挑選上，要稍微修正一下這句話，改成「在合理的價格，買具有成長潛力的民生公司」。這裡指的「成長潛力」與前述的「上漲潛力」不同，上漲潛力指的是當下價格與目標價值間的差距，更像是一種安全邊際，而成長潛力指的是企業未來獲利的成長力或是盈餘的上升空間。成長股的篩選條件更加嚴苛，標的範圍來得更小，也很難用太便宜的價格買到。以下為篩選的 4 項條件：

　　條件一：了解公司的 10 件大小事，判斷產品趨勢與產業前景、確認競爭優勢與護城河，評估公司能否在未來 3～5 年裡，持續推升營業規模與獲利。通常要成為具成長潛力的公司，必須擁有創新的應用、領先的技術與未飽和的市場。

條件二：選擇營業項目簡單，且變動較小的民生消費、公共產業。
這類型的股票，在未來有較大的機會延續成長，值得一提的是，在一些
老屋新造的傳統產業中，也會出現一些成長潛力股。

條件三：鎖定前述兩個條件後，買進準則有三項。**1. 本益比河流圖
向上（營收與獲利成長）、2. 價格在合理價之下、3. 本益成長比小於
0.75 倍。**

條件四（賣出準則）：買進後就長抱，盡可能別輕易賣出。但遇到
以下狀況，則要考慮出脫持股。

1. 條件一發生改變 2. 本益比河流圖大幅下彎（營收與獲利衰退）。

個案示範：櫻花（9911）

見圖表 5-34、5-35，2015 年第二季時（2015 年 8 月 14 日），股價
為 17.9 元，過去 4 季累計 ESP 為 1.8 元，過去 3 年近四季累積 Eps 複合
成長率為 24%（也可以使用稅後淨利成長率），股價位於合理價格之
下，河流圖整體往上（營收與獲利上升），本益成長比為 0.33（計算公
式如下），接下來的 6 年都沒出現賣出訊號，期間含股利，累計報酬達
230%，等於 100 萬在 6 年後將會變成 330 萬，這就是長抱成長股的魅
力。

預估成長率＝採計近 3 年 Eps 複合成長率＝（1.8／0.94）^
（1/3）－1＝24%

預估本益比＝17.9／〔1.8x（1＋24%）〕＝8 倍

本益成長比＝8÷24＝0.33 倍

本益成長比有其侷限，不必過度糾結

本益成長比適用小型股，不適合大股本。成長型價值投資之父費雪
曾經說過：「追求資本大幅成長的投資人，應淡化股利的重要性。」這

圖表 5-34　櫻花2015Q2～2020Q1股價與EPS等數據一覽表

年季	近4 季累計EPS	3年複合報酬率	預估本益比	本益成長比	股價
2015Q2	1.8	24%	8.0	0.33	17.9
2015Q3	1.86	31%	7.4	0.24	17.9
2015Q4	1.89	23%	8.4	0.36	19.45
2016Q1	2.14	23%	9.3	0.41	24.35
2016Q2	2.52	28%	11.7	0.42	37.75
2016Q3	2.56	24%	10.8	0.45	34.3
2016Q4	2.75	16%	11.3	0.70	36.15
2017Q1	2.81	15%	10.7	0.69	34.55
2017Q2	2.77	12%	11.7	0.95	36.25
2017Q3	2.96	12%	11.6	0.93	38.5
2017Q4	3.3	19%	9.8	0.52	38.4
2018Q1	3.46	20%	9.4	0.48	39.1
2018Q2	3.58	26%	8.6	0.34	38.9
2018Q3	3.61	25%	8.0	0.32	35.8
2018Q4	3.66	25%	9.2	0.37	42.1
2019Q1	3.68	20%	9.6	0.48	42.3
2019Q2	3.66	13%	10.4	0.79	43.15
2019Q3	3.72	13%	11.0	0.83	46.45
2019Q4	4.07	14%	9.0	0.64	41.75
2020Q1	3.91	12%	10.55	0.91	46.05

句話的內涵是指那些獲利高，但股利發得少或根本不發的公司，最有可能是潛在的成長股，因為成長型的公司，總是將大部分盈利投入擴張新的業務，而處於這種擴張階段的公司，通常是中小企業居多。相反的，成熟型的大公司，常常大量發放現金股利，這是因為企業未來無較大的業務擴張計畫，所以才將盈餘以現金的方式回饋給股東。

　　但大型股難道就不是成長股嗎？「成長股」多數是擴張的公司，而擴張中的公司，多數是小公司；「定存股」多數是成熟型的大型績優股，股利政策穩定，殖利率優渥。這樣看起來，好像成長與股利之間存在些許排擠效果，使用本益成長比評估大型績優股可能有失公正。不過

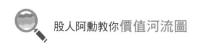

圖表 5-35 櫻花2014～2019本益比河流圖

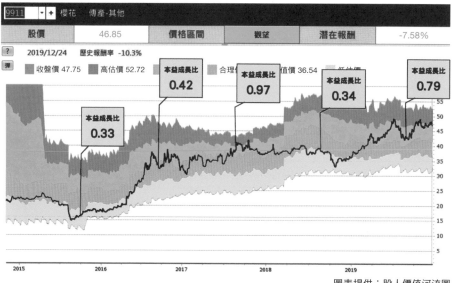

圖表提供：股人價值河流圖

股利政策優渥的大型績優股，雖然沒有太大的成長，但也並非全無成長，因此這裡要告訴大家，**其實只要公司能有成長，且價格合理的情況下，長抱仍會有不錯的獲利，不必過於糾結在指標上。**例如：台積電（2330）、寶雅（5904）。

NOTE

後 記

學會價值投資，
能獲得財富與知識的雙重享受

自身護城河比企業護城河重要

我的筆名叫「股人阿勳」，阿勳是本名的簡稱，自稱股人則是因為我熱愛了解企業。價值投資對我而言，最大的收穫並非僅僅是財富的累積，用心了解企業的過程中，也豐富了我對世界與產業的知識，對此我樂此不疲，並享受其中。

尋找護城河的能力，比護城河本身還重要。俗話說知識就是力量，**恐懼是因為未知，而克服恐懼的方式，就是持續學習**，特別是有門檻的東西，才有花時間投入的價值。雖然一開始會覺得困難，但持續累積，就能把困難變成簡單，最後這些知識，就會成為個人獨有的護城河，任誰都拿不走，唯有如此，才能不再恐慌，達到真正的不盯盤投資。

「方法」與「想法」要一致

在 2017～2019 年，聽到許多人說買 0050 長期以來都不會輸，即使在 2007 年的最高點投入，10 年後也是賺錢的，這句話客觀來說完全沒錯。但投資前要問自己 5 個問題：

1. 你有浪費 10 年資金效益的準備嗎？

2. 你有未來 10 年分批攤平成本的準備嗎？

3. 你未來 10 年是否還有持續的現金流入？

4. 你不只用一筆錢在投資而已。

5. 這筆錢是你生活所需以外的閒錢。

大存股時代，人人想存股，看好長期資產上漲的獲利與定期配發的股利，但 2020 年因冠狀疫情崩盤時，很多人才發現原來自己並非在「存股」，而是在「跟隨趨勢」，假如持有好的公司，遇到市場危機時，應該加碼買吧？但為什麼很多人卻把注意力放在未實現虧損上？原因很簡單，因為投資時並沒有考慮過上述幾個前提，直到手上沒有現金，才意識到自己的想法與方法沒有配套成組。

金融股還可以存嗎？這是近期股市最常見的問題，但問題本身就忽略了「長期思維」與「企業個別競爭力」。人們擔心的是玉山金倒閉？擔心這段期間的股價下跌？還是在後悔當初沒做好資金控管？同理也可以印證在 0050 的投資人上，這 50 間台灣最大的公司，如果有長期思維，真的會擔心它股價回不來嗎？

最後要提醒各位，市面上流行的「無腦投資術」，這裡指的「無腦」是指方法簡單，而非投資人本身無腦，也能做好投資。**想要無腦存股就必須先存腦，好好正視自己的心態，有正確的認知，才能在股市裡長長久久，此時要選擇有腦無腦的方法，決定權就在自己手上。**

其實，我原先並無寫書的規劃，能有這個機會，要特別感謝將我推薦給出版社的 TJ 與大樂文化出版社的壽哥，當然還有一直在臉書催促我出書的股友們。我自己是個清貧出身的單親孩子，當初踏入投資界也是因為想給家人更好的生活，回饋母親與照顧兄弟姊妹。我抱持感恩、謙卑的心態，分享自己的投資經歷與方法，給各位同樣辛苦為生活打拚的年輕人、上班族、退休族與家庭主婦，希望大家都能有所收穫。

NOTE

國家圖書館出版品預行編目(CIP)資料

股人阿勳教你價值河流圖：圖解基本面，簡單找出買賣區間，抓出低估潛力股，穩穩賺自己的20%！／股人阿勳著. -- 二版. -- 新北市：大樂文化有限公司, 2023.06
256面；17×23公分. -- （Money；46）

ISBN 978-626-7148-63-1（平裝）
1. 股票投資　2. 投資分析　3. 投資技術
563.53　　　　　　　　　　　　　　　　　　112007794

Money 046

股人阿勳教你價值河流圖
圖解基本面，簡單找出買賣區間，抓出低估潛力股，穩穩賺自己的 20%！
（原書名：股人阿勳教你價值投資）

作　　者／股人阿勳
封面設計／蕭壽佳
內頁排版／思　思
責任編輯／林映華
主　　編／皮海屏
發行專員／張紜蓁
專員主任／鄭羽希
財務經理／陳碧蘭
發行經理／高世權
總編輯、總經理／蔡連壽

出 版 者／大樂文化有限公司 (優渥誌)
　　　　　地址：新北市板橋區文化路一段268號18樓之1
　　　　　電話：(02)2258-3656
　　　　　傳真：(02)2258-3660
　　　　　詢問購書相關資訊請洽：(02)2258-3656
　　　　　郵政劃撥帳號／50211045　戶名／大樂文化有限公司

香港發行／豐達出版發行有限公司
　　　　　地址：香港柴灣永泰道70號柴灣工業城2期1805室
　　　　　電話：852-2172 6513　傳真：852-2172 4355

法律顧問／第一國際法律事務所余淑杏
印　　刷／韋懋實業有限公司

出版日期／2020年07月30日初版
　　　　　2023年06月26日二版
定　　價／380 元（缺頁或損毀，請寄回更換）
I S B N／978-626-7148-63-1